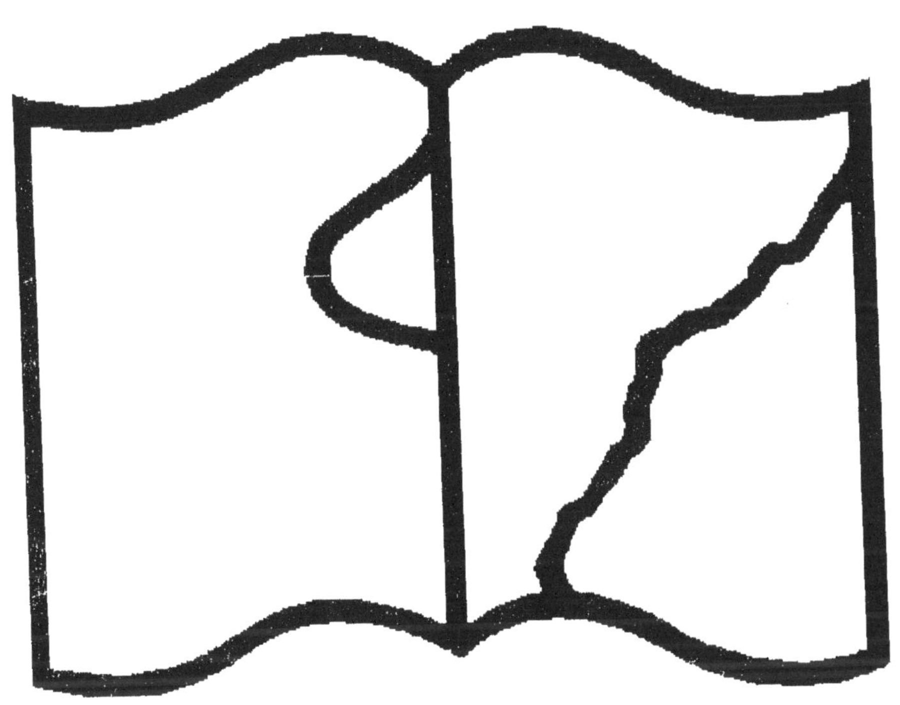

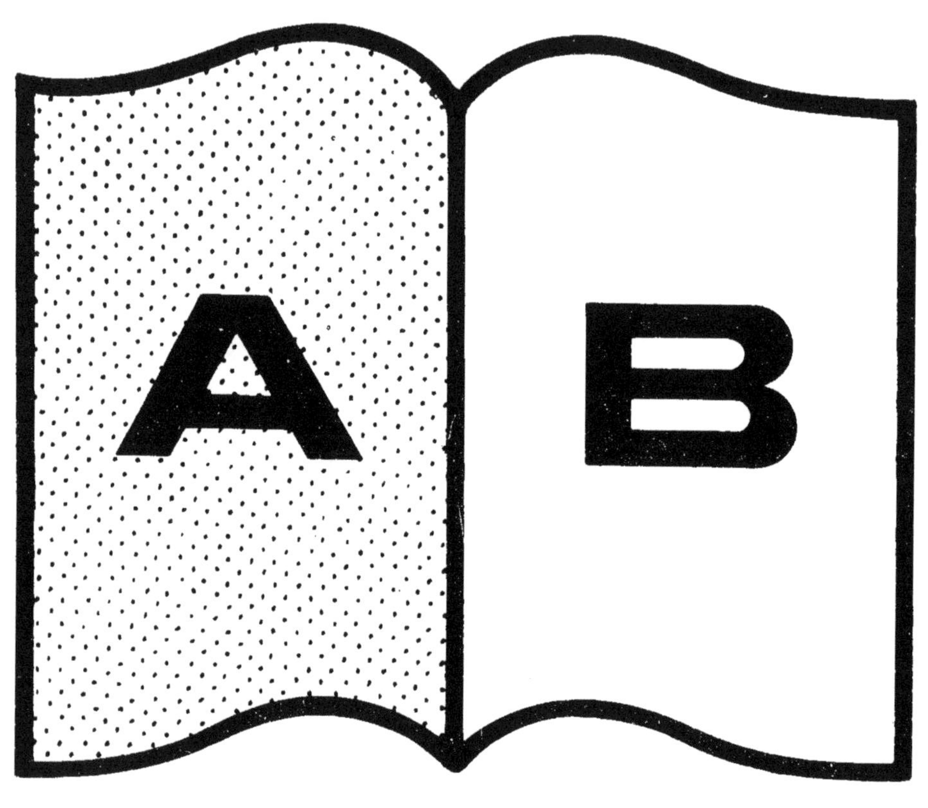

Contraste insuffisant

NF Z 43-120-14

ANTHOLOGIE

DE

TEXTES ARABES INÉDITS

PAR OUSÂMA ET SUR OUSÂMA

PUBLIÉS PAR

HARTWIG DERENBOURG

PROFESSEUR A L'ÉCOLE DES LANGUES ORIENTALES

DIRECTEUR-ADJOINT A L'ÉCOLE DES HAUTES-ÉTUDES

PARIS

ERNEST LEROUX, ÉDITEUR

LIBRAIRE DE LA SOCIÉTÉ ASIATIQUE

DE L'ÉCOLE DES LANGUES ORIENTALES VIVANTES

28, RUE BONAPARTE, 28

1893

ANTHOLOGIE

DE

TEXTES ARABES INÉDITS

PAR OUSÂMA ET SUR OUSÂMA

ANGERS, IMPRIMERIE ORIENTALE BURDIN ET Cie, RUE GARNIER, 4

ANTHOLOGIE

DE

TEXTES ARABES INÉDITS

PAR OUSÂMA ET SUR OUSÂMA

PUBLIÉS PAR

HARTWIG DERENBOURG

PROFESSEUR A L'ÉCOLE DES LANGUES ORIENTALES

DIRECTEUR-ADJOINT A L'ÉCOLE DES HAUTES-ÉTUDES

PARIS

ERNEST LEROUX, ÉDITEUR

LIBRAIRE DE LA SOCIÉTÉ ASIATIQUE

DE L'ÉCOLE DES LANGUES ORIENTALES VIVANTES

28, RUE BONAPARTE, 28

—

1893

AVIS AU LECTEUR

Cette Anthologie est un tirage à part et non pas une réimpression. Les notes se réfèrent à la pagination de la *Vie d'Ousâma*, non pas à celle du présent opuscule, même pour les parties qui y sont contenues. On aurait dû peut-être rappeler subsidiairement les numéros des pages 499-605 du volume complet qui y sont représentées par les pages 7-113; 691-722, qui y sont numérotées 115-146. C'est là une petite concordance que chacun établira facilement pour son usage personnel.

Les dix textes dont se compose cette Anthologie réunissent des morceaux très variés, bien que pour la plupart de même provenance. Ils me paraissent convenir, comme lectures choisies, aux élèves d'arabe, pendant leur troisième année d'études. Le point de vue pédagogique n'a pas prévalu dans leur classement. Il appartient au professeur de suppléer à cette absence de gradation dans la difficulté, c'est à lui, s'il a considéré comme pratique d'adopter dans son enseignement cette série d'extraits par Ousâma et sur Ousâma, de les faire expliquer à tour de rôle dans un ordre différent de celui où ils ont été placés par l'éditeur. Ces documents étaient, lors de leur publication première, destinés à servir de pièces justificatives pour un ouvrage de biographie historique. Ils en ont été détachés tels quels pour introduire les jeunes arabisants, une fois qu'ils ont acquis une connaissance suffisante de la langue, dans un champ fécond d'investigations, vers lequel j'aimerais les attirer et qui mériterait de les retenir : les recherches relatives aux guerres des Croisades, l'examen des sources musulmanes et des documents qu'elles fournissent sur les influences réciproques de l'Orient et de l'Occident, entre le douzième et le quatorzième siècle de notre ère.

Paris, ce 11 avril 1893.

ANTHOLOGIE

DE

TEXTES ARABES INÉDITS

PAR OUSÂMA ET SUR OUSÂMA

A. *Extraits du Livre du bâton, par Ousâma Ibn Mounḳidh.*

Le *Livre du bâton* est conservé dans deux exemplaires dont l'un m'appartient et a servi aux nombreuses traductions et citations disséminées dans la *Vie d'Ousâma*. C'est un volume, haut de $0^{m},20$, large de $0^{m},14$, comprenant 122 feuillets en écriture orientale, dont les dix derniers ont été ajoutés après coup. Quinze lignes sur chaque page, quelquefois, beaucoup plus rarement, seize. Le manuscrit, dans ses parties plus anciennes, est antérieur à l'année 1121 de l'hégire (1709 de notre ère), date inscrite au fol. 1 r° par l'un des possesseurs successifs. D'après certains indices paléographiques, je le considère comme écrit au dix-septième siècle de notre ère.

On lit en tête : كتاب العصا تأليف السيّد الفاضل العالم الامير ابى المظفّر أسامة بن مُرْشِد بن علىّ بن مقلّد بن نصر بن منقذ الكنانى تَوَلَّى اللهُ مكافأته « Livre du bâton, œuvre du chef éminent, du savant, de l'émir Aboû 'l-Mouṭhaffar Ousâma ibn Mourschid ibn 'Alî ibn Mouḳallad ibn Naṣr Ibn Mounḳidh Al-Kinânî[1]. Puisse Allâh se char-

1. A la note 5 de la page 48 ajoutons que, d'après Al-Hamdânî, *Djazîrat al-'Arab* (éd. D. H. Müller), p. 132, l. 16, au commencement du dixième siècle de notre ère, la tribu de Kinâna dominait à Schaizar.

ger de le rétribuer! » J'ai désigné par la lettre A ce manuscrit, acquis en 1883 du schaikh de Médine Amîn Al-Madanî[1].

C'est de même provenance qu'est le manuscrit entré à la Bibliothèque de Leyde vers la même époque avec toute la collection dont il faisait partie. Un inventaire provisoire lui avait donné le numéro 370[2]; le premier volume de la deuxième édition du Catalogue lui assigne le numéro 2093 et le décrit sous la cote CCCCLXXII[3]. Il mesure 0m,205 en hauteur, 0m,145 en largeur, se compose de 94 feuillets d'une écriture orientale assez négligée, pauvre en points diacritiques, soignée et vocalisée à partir du feuillet 80. Vingt-et-une à vingt-trois lignes à la page. La date de 1094 de l'hégire (1683 de notre ère), donnée dans la souscription, n'a rien de trop invraisemblable, bien que la copie paraisse peut-être encore plus moderne. Dans ce qui suit, j'ai appelé ce manuscrit B, ayant eu la bonne fortune de pouvoir le comparer, grâce à l'extrême libéralité de ceux qui dirigent la Bibliothèque de l'Académie de Leyde et qui me l'ont envoyé à Paris pour que je pusse l'étudier plus commodément. Les titres des manuscrits A et B sont, à quelques épithètes près plus nombreuses dans A, absolument identiques.

J'ai fait connaître le contenu du Livre du bâton[4] et j'ai publié naguère[5], plus tard traduit en français dans ce volume même

1. Le portrait fort ressemblant de ce libraire aussi instruit qu'habile se trouve en tête de la plaquette, où ses impressions sur le Congrès des orientalistes tenu à Leyde en 1883 ont été mises à la portée du public lisant le hollandais; voir *Het Leidsche Orientalistencongres*. Indrukken van een Arabisch congreslid, traduction hollandaise par C. Snouck Hurgronje (Leide, 1883).

2. C. Landberg, *Catalogue de manuscrits arabes provenant d'une bibliothèque privée à El-Medina* (Leide, 1883), p. 109.

3. J. de Goeje et Th. Houtsma, *Catalogus codicum arabicorum bibliothecæ Academiæ Lugduno-Batavæ*, editio secunda, volumen primum (Lugduni Batavorum, 1888), p. 280.

4. Plus haut, p. 334-336.

5. *Ousâma poète*, notice inédite tirée de la *Kharîdat al-ḳaṣr*, par 'Imâd

une correspondance échangée sur cet ouvrage entre l'auteur et Al-Ḳâḍî Al-Fâḍil Ibn Al-Baisânî[1]. Cette monographie des bâtons célèbres commence par la verge de Moïse, avec laquelle il fit jaillir l'eau du rocher, et se termine par le bâton d'ébène, sur lequel l'émir vieilli appuyait son corps recourbé, devenu semblable à un arc dont son bâton serait la corde. Dans sa nomenclature, entremêlée d'études sur les locutions où entre le mot *al-'aṣâ* « le bâton » et ses synonymes, Ousâma n'omet pas la jument *al-'aṣâ* qui avait appartenu à Djadhîma Al-Abrasch, roi de Ḥîra, parce qu'elle avait été appelée « le bâton »[2].

A était seul à ma disposition, lorsque j'ai publié et traduit en français la préface du Livre du bâton dans un album typographique où l'imprimerie Lanier avait réuni les spécimens des caractères qu'elle possède[3]. La forme était le principal, mais pourquoi le fond n'aurait-il pas été, lui aussi, rendu digne du décor, pourquoi un morceau inédit n'aurait-il pas été mis en lumière, à la faveur de ce spectacle surtout fait pour le plaisir des yeux? La publicité de ce beau livre ayant été restreinte, j'ai cru devoir reproduire ici, cette fois d'après deux manuscrits[4], la rédaction arabe de la préface, en renvoyant pour la traduction et l'annotation au *Recueil de textes étrangers*.

Il a été donné une certaine ampleur aux extraits que j'ai empruntés au Livre du bâton. Cet ouvrage ne sera jamais édité intégralement et les espérances conçues autrefois à ce sujet ne

ad-Dîn Al-Kâtib (1125-1201), dans les *Nouveaux mélanges orientaux* (Paris, 1886), p. 147-152.

1. Plus haut, p. 383-392.

2. A, fol. 69 r° — 74 v°; B, fol. 53 v° — 57 r°. Sur cette jument illustre, voir surtout Caussin de Perceval, *Essai sur l'histoire des Arabes avant l'islamisme*, II, p. 33-34; Perron, *Le Nâcérî*, I, p. 311-312; 380-387.

3. *Recueil de textes étrangers*, publié par A. Lanier, imprimeur, 14, rue Séguier (Paris, 1888), p. 3-8.

4. Je me suis abstenu de relever, comme variantes, les erreurs et les négligences de copie trop évidentes.

paraissent pas devoir être réalisées [1]. Raison de plus pour faire connaître exactement le cadre, alors même que les circonstances ne permettent pas d'étaler toutes les richesses dont il est rempli. Sans omettre aucun des passages traduits ou cités plus haut, j'ai publié en outre plusieurs fragments intéressants pour la lexicographie avec une partie des exemples en vers qui en justifient les assertions, et aussi toutes les poésies d'Ousâma que l'auteur a insérées lui-même comme se rattachant à son étude spéciale. Ce choix montrera d'une part l'érudit puisant avec abondance aux sources anciennes, d'autre part le maître faisant valoir les ressources de la langue arabe avec autant de souplesse que de talent. Ousâma n'a pas été seulement un émir vaillant et un coureur d'aventures intrépide, il se révèle comme un savant et comme un écrivain. Sa vieillesse surtout lui a donné le loisir de s'épancher sur elle avec une variété d'accents surprenante. Il s'est diverti à ces descriptions de son affaissement et de son corps appuyé sur un bâton dans des poèmes brillants et sereins, qui montrent clairement combien, si le pied était alourdi, la tête avait conservé de vigueur et de puissance. Ce n'est point sans intention qu'il avait réservé ses élucubrations personnelles pour la fin de son volume. Elles servent de conclusion au Livre du bâton. Nous avons cru devoir les reproduire dans leur ensemble, comme un complément à notre *Ousâma poète* [2].

(A, fol. 1 v°-3 v°; B, fol. 1 v°-3 r°) بسم الله الرحمن الرحيم وبه ثقتي الحمد لله ربّ العالمين ، وصلواته على سيّدنا محمّد خاتم النبيّين ، وعلى آله الطيّبين

1. Plus haut, p. 16, note 6; cf. p. 334.

2. *Ousamâ poète*, notice inédite tirée de la *Kharîdat al-ḳaṣr*, par 'Imâd ad-Dîn Al-Kâtib (1125-1201), dans les *Nouveaux mélanges orientaux*, p. 113-155.

الطاهرين ، وعلى اصحابه البررة المتّقين ، وازواجه الطاهرات امّهات المؤمنين ، صلوةً دائمةً الى يوم الدين ، وبعد فانّ النفس ترتاح لما سمعت ، وتُلحّ فى الطلب اذا مُنعت ، وكان الوالد السعيد مجد الدين ابو سلامة مُرْشِد بن علىّ بن مقلّد بن نصر بن مُنْقِذ رضى الله عنه حدّثنى انه لمّا توجّه الى خدمة السلطان ملك شاه رحمه الله وهو اذذاك باصفهان قصد القاضى الامام الصدر العالم ابا يوسف القزوينىّ رحمه الله عائدا ومسلّما بمعرفة قديمة كانت بينهما ويدٍ كانت عنده للجدّ سديد الملك ذى المناقب ابى الحسن علىّ بن مقلّد رحمه الله وذاك أنّ القاضى المذكور سافر الى مصر فى ايّام الحاكم صاحب مصر فأحسن اليه واكرمه ووصله بصلات سنيّة فاستعفى منها وسأله ان يجعل صلته كتبا يقترحها[1] من خزانة كتبه فاجابه الى ذلك فدخل الخزانة واختار منها ما اراد[2] من الكتب ثم ركب فى مركب وتلك الكتبُ معه يريد بلاد الاسلام التى فى الساحل فتغيّر عليه الهوى فرمى بالمركب الى مدينة اللاذقيّة وفيها الروم فبعل بامره وخاف على نفسه وعلى ما معه من الكتب فكتب الى جدّى سديد الملك رحمه الله تعالى كتابًا يقول فيه قد حصلتُ بمدينة اللاذقيّة بين الروم[3] ومعى كتب الاسلام وقد وقعتُ لك رخيصا ، فهل اجدك حريصا ، فسيّر اليه من يومه ولده عمّى عزّ الدولة ابا المرهف نصرا رحمه الله وسيّر معه خيلا كثيرا من غلمانه وجنده وظَهْرًا لركوبه وحمل اثقاله فاتاه وحمله وما معه فاقام عند جدّى

1. B يطرحها.
2. B ما اراده.
3. A sans بين الروم.

رحمه الله مدّة طويلة وكانت له بالوالد رحمه الله عناية والف فلمّا اجتاز ببغداذ قصده ليجدّد به عهدًا فحدّثنى رحمه الله قال دخلتُ عليه ومعى الشيخ ابو الحسن علىّ بن البُوَيْن الشاعر وهو كاتب كان[1] لجدّى رحمه الله فوجدتّه قد بلغ من العمر ما غيّر ما كنتُ اعرفه فيه ونسى كثيرا ممّا كان يذكره فلمّا رآنى عرفنى بعد السؤال لانه فارقنى وانا صبىّ ورآنى وانا رجل فاستخبرنى عن طريقى فعرفته توجّهى الى دركاه السلطان فقال تُبلغ خواجا بزرك نظام الدين سلامى وتعرّفه انّ الجزء الاوّل من التفسير الذى قد[2] جمعته قد ضاع وهو تفسير بسم الله الرحمن الرحيم وآسأله ان يأمر باستنساخه من النسخة التى فى خزانته وينفذه لى وكان جمع تفسير القرآن فى مائة مجلّد وكان لضعفه وكبره مستندا بين الجالس والمستلقى على فراش له وحوله كتب كثيرة وهو يكتب فسلّم عليه الشيخ ابو الحسن بن البُوَيْن فلم يعرفه وقال من انت قال انا[3] خادمك علىّ بن البُوَيْن كاتب الامير سديد الملك قال البُوَيْن اىّ شىء هو لعن الله البُوَيْن ثم فكّر هُنَيْهة وقال انت الشاعر النحوىّ الكاتب قال نعم فانشد [سريع]

قالوا السّلامىّ[4] فقلتُ اطْبِقِ ذا مُحْلَبانُ الضَّرعِ لَبّانُ

ثمّ عاد الى حديثه معى فلمح الشيخَ ابا الحسن وقد اخذ كتابا من تلك الكتب

1. B sans كان.
2. A sans قد.
3. A sans انا.
4. B قالوا لسلامى.

التى حول[1] فراشه فقال يدخل الجاهل على الانسان فينبسط ويقرأ[2] ما عنده من الكتب اى انّى من اهل العلم ما أحوجك ان يكون ما فى يدك فوقها فالقاه من يده وكان الكتاب كتاب العصا ولى منذ سمعت هذا نحوا من ستّين سنة أتطلّب كتاب العصا بالشأم ومصر والعراق والحجاز والجزيرة وديار بكر فلا اجد من يعرفه وكُلَّمَا تعذّر وجوده ازددتّ حرصا على طلبه الى ان حدانى اليأس منه على أن جمعتُ هذا الكتاب وترجمتُه بكتاب العصا[3] ولا ادرى اكان ذلك الكتاب على هذا الوضع ام على وضع غيره غيرَ انى قد بلّغتُ[4] النفس مناها وكانت حاجة فى نفس يعقوب قضاها ولا ارتاب فى انّ مؤلّف ذلك الكتاب وقع له معنى فاجاد فى تأليفه وتنميقه وانا فاتنى مطلوب ففرغت الى تجويزه وتلفيقه وكتابى هذا وان كان خاليا من العلوم التى تجمّل التصانيف بها ويرغب اولو الفضل فى طلبها فما يخلو من اخبار واشعار تميل النفوس اليها ويحسن موقعها ممّن وقف[5] عليها وقد افتتحتُه بذكر عصا موسى عليه السلام ثم ذكر عصا سليمن بن داود عليهما السلام ثم افضتُ فى ذكر الاخبار والاشعار التى يأتى فيها ذكر العصا ولا أدّعى انّى اتيت على ذكر العصا فيما جمعته وانما اوردتّ منه ما حفظتُه وسمعته وبالله عزّ وجلّ اعوذ واعتصم ، من ان تكتب يدى ما

1. B حولى.
2. B فيقرأ.
3. A et B بكتاب العصى, de même dans le titre de B. Nous nous abstiendrons de relever cette inexactitude d'orthographe, fréquente dans les deux manuscrits.
4. A sans قد ; B ابلغتُ (ms. املعت).
5. B ونع.

يؤثّم ويُصمّ ، ومن رحمته تعالى اطلب الصفح والغفران ، عن اشتغالى بالترّهات عن تلاوة القرآن ، وهو سبحانه اقرب مدعوّ ، واكرم مرجوّ ،

فصل فى تسمية العَصَا (A, fol. 28 r°-29 v°; B, fol. 20 v°-21 v°) قال ابو بكر محمّد بن دُرَيْد رحمه الله انما سُمّيت العصا عَصًا لصلابتها مأخوذ[1] من قولهم عَصَّ الشىء وعَصَى وعَسَا اذا صَلُبَ واعتَصت النَّواةُ اذا اشتَدّتْ فانما العصا مَثَل تُضرَب للجماعة يقال شَقّ فلانٌ عصا المسلمين والجماعة ، وفى الحديث عن النبىّ صلّعم ايّاك وقَتْل العصا يريد المُفارِقَ للجماعة فيُقتَل وأَلْقَى الرجُلُ عصاه اذا اطمأنَّ مكانه ويقال عَصًا وعَصَوان والجمع العُصىّ وأَعْصَى الكَرْمُ اذا خرج عيدانُه ، وفى الحديث عن النبىّ صلّعم لا تَرفعْ عصاك عن اهلك يراد به الادب ، ويقال لعظام الجناح عُصِىّ وعصوتُ الجرح اى داويتُه والعِصْيانُ خلاف الطاعة قال دُرَيْد بن الصّمّة [طويل]

فلمّا عَصَوْنى كنتُ منهم وقد أَرى   غَوايتَهم وأَنّنى غيرُ مُهْتَدِ[2]

وقد سُمّيت الهِراوةَ وجمعها هَرَاوَى قال ابن فارس فى كتاب مُجمل اللغة هَرَوْتُه بالهِراوة اذا ضربتُه بها قال العبّاس بن مِرداس السَّلَمىّ أَبياتا ذكر فيها الهِراوة انا ذاكرها ومُوردها لحسنها وجزالتها وهى من مختار الشعر وقد اختارها ابو تمّام حَبيب بن أَوْس الطائىّ فى حَماسته فى باب الادب وهى[3] [وافر]

1. Après مأخوذ, B ajoute ذلك.
2. *Kitâb al-Agânî*, IX, p. 4; *Khizânat al-adab*, IV, p. 513.
3. *Hamasæ carmina... edidit...* Freytag, p. 513-514; versio latina, II, p. 257-259.

تَرى الرجُلَ النّحيفَ فتَزدريه وفى أثوابه أسَدٌ يَزيرُ
ويُعجِبك الطَّرِيرُ فتَبتليه فيُخلف ظنَّك الرجُلُ الطَّريرُ
فما عِظَمُ الرجال لهم بفَخْرٍ ولكنْ فخرُهم كَرَمٌ وخيرُ
ضِعافُ الطير أطولُها جُسوماً ولم يَطُل البُزاةُ ولا الصُّقورُ
بُغاثُ الطير أكثرُها فِراخاً وأُمُّ الصَّقر مِقْلاتٌ نَزُورُ[1]

بغاثُ الطير صغارُها وفيها ثلاث لغات ضمّ الباء وفتحها وكسرها والمِقْلاتُ التى لا يعيش لها ولد

لقد عَظُمَ البعيرُ بغير لُبٍّ فلم يَستغنِ بالعِظَم البعيرُ
يُصرِّفه الصَّبِيُّ بكلّ وجهٍ ويَحبسه على الخَسْفِ الجَريرُ

الجرير حبل يكون فى راس البعير

وتَضربه الوَليدةُ بالهَراوى فلا غِيَرٌ لديه ولا نَكيرُ
فان أكُ فى شِرارِكُمُ قليلاً فانّى فى خِيارِكُمُ كثيرُ

ذكر ابو هلال العَسْكَرِيّ اللُّغَوِيّ رحمه الله فى كتاب الأوائل ، قال اوّلُ من خطب على العصا وعلى الراحلة قُسّ بن ساعدة الايادىّ[2] فمّما ورد عنه من خطبته[3] قوله ايّها الناس اسمعوا وعُوا من عاش مات ، ومن مات فات ،

1. A et B مقلاه زور.
2. Maçoudi, *Les prairies d'or*. Texte et traduction par C. Barbier de Meynard et Pavet de Courteille, I, p. 133-135; *Khizânat al-adab*, IV, p. 25.
3. A خطبه.

وكلّ ما هو آتٍ آت ، ليْلٌ داج ، وسماءٌ ذاتُ أبراج ، ونجومٌ تَزْهَر ، وبحارٌ تَزْخَر ، وجبالٌ مُرْساه ، وارضٌ مُدْحاه ، وأَنهارٌ مُجْراه ، ما بالُ النـاس يَذهبون ، فلا يرجعون ، أَرَضُوا فاقاموا ، ام تركوا فناموا ، يُقسِم قُسٌّ بالله قسما لا اثم فيه انّ لله دِينا هو أَرْضَى وأَفضلُ من دينكم الذى انتم عليه انّكم لَتأْتون من الامرِ مُنْكَرًا ثم انشأ يقول [كامل]

فى الذاهبينَ الاوّلـيــن من القرون لنا بَصائرْ
لمّـا رأيتُ مَـواردًا للقوم ليس لها مَصادرْ
ورأيتُ قومى نحوهـا يَمضى الأَصاغرُ والأَكابرْ
لا يَرجِع المـاضى الـىّ ولا من البـاقين غابرْ
أَيقنـتُ أَنّى لا محـا لةَ حيث صار القومُ صائرْ

قال المؤلّف اطال الله بقاءه العربُ (A, fol. 30 v°-31 v°; B, fol. 22 v°-23 v°) تقول فلانٌ ممّن قَرعتُ له العصا اذا كان يُرجَع الى الصواب ويَنقاد الى الحقّ[1] ويستقيم عند رَبْعه اذا نُبِّه ، وتقول فلانٌ صُلْبُ العصا اذا كان ذا نجدة وحزامة وتقول اذا تفرّقت الخلطاء واختلفت أراء العشيرة ومَرِجَ الامرُ انشقّت العصا وتقول للمسافر اذا آب واستَقرّت به دارُه أَلْقَى عصا التَّسْيار[2]

قرعُ العصا قال النبىّ صلّعم قُرعتْ عصًا على عصًا أَلا فرح لها قوم وحزن

1. A وينقاد المحق.
2. Rectifier d'après cela les textes donnés plus haut, p. 392, note 3, où j'ai imprimé deux fois التيسار au lieu de التسيار; cf. p. 335 et 515.

آخرون ، قال الحجّاج بن[1] يوسف الثّقفىّ فى بعض خُطَبه والله لَأعصبنّكم عَصْبَ السَّلَمة ولَأَلْحُوَنّكم لَحْوَ العصا ولَأضربنّكم ضَرْبَ غرائب الابل يا اهل العراق ، يا اهل الشّقاق والنّفاق ، ومَساوى الاخلاق ، انّى والله سمعتُ لكم تكبيرا ليس بالتكبير الذى يراد به الله فى الترغيب ، ولكنه التكبير الذى يراد به الترهيب ، يا عبيد العصا وأَشباهَ الاماء انما مَثَلى ومَثَلكم ما قاله ابن برّاقة الهمدانىّ [طويل]

وكنتُ اذا قومٌ غزونى غزوتُهم فهل انا فى ذا يا لَهَمْدانَ ظالمُ
متى تَجمعِ القلبَ الذّكىَّ وصارمًا وأَنفًا حَميًّا تَجتنبْك المَظالمُ

والله لا يَقرع عصًا على عصًا الاّ جعلها كأَمْسِ الدابر . وقال وَعْلة بن الحارث ابن ربيعة[2] [كامل]

وزعمتَ أَنّا لا حلومَ لنا انّ العصا قُرعت لذى الحِلْمِ
اَقتلتَ سادتَنا بغير دم الاّ لتُوهن آمِنَ العَصْمِ

وقال كُثَيّر بن عبد الرحمن الخُزاعىّ [طويل]

وقد قرع الواشون فيها لك العصا وانّ العصا كانت لذى الحِلْم تُقْرَعُ

ذو الحِلْم عامر بن الظَّرِب[3] العَدْوانىّ وكان حَكَمًا للعرب يُرجَع الى حُكمه ورأيه

1. A sans بن. Sur tout ce passage, cf. Al-Moubarrad, *Al-Kâmil* (éd. Wright), p. 152-153.

2. Le premier de ces deux vers, précédé par quatre et suivi par deux autres vers du même morceau, est dans *Hamasæ carmina*... edidit Freytag, p. 96-100; versio latina, I, p. 178-183. Le second des deux vers publiés ci-dessus y est omis. Le poète est nommé Al-Ḥârith ibn Wa'la Adh-Dhouhlî; voir *Kitâb al-Agânî*, XIX, p. 139.

3. A الصرب; B الضرب; voir *Hamasæ carmina*, p. 174; Ibn Doraid, *Isch-*

فكبُر وافناه الكِبَرُ والدهر وتغيّرت احوالُه فأنكر الثانى عليه من ولده امرا من حُكمه فقال له انّك ربّما أخطأت فى الحكم ويُحمَل عنك فقال اجعلوا لى أمارة أعرفُها فاذا أَخطأتُ وقُرعتُ لى العصا رجعتُ الى حكم الصواب فكان يَجلس أمامَ بيته يَحكم ويجلس ابنُه فى البيت ومعه العصا فاذا زلّ وهفا[1] قُرع له الجفنةُ بالعصا[2] وايّاه عَنَى المتلمّس بقوله[3] [طويل]

لذى الحِلْمِ قبل اليوم ما تُقرَع العصا وما عُلِّمَ الانسانُ الاّ ليَعْلَمَا

صُلْبُ العصا (A, fol. 39 r°; B, fol. 28 v°-29 r°) يقال فلانٌ صُلْبُ العصا اذا كان جَلْدًا قويّا على السفر والسير قال الراعى يصف راعيا [رجز]

صُلْبُ العصا بضَرْبةٍ دَمّاها اذا اراد رَشَدًا أَغْواهَا

قوله بضربة اى بسيرة قال الله تبارك وتعالى[4] وَاذَا ضَرَبْتُمْ فِى ٱلْأَرْضِ اى سافرتم وقوله دمّاها اى تركها كالدُّمَى واحدتها دُمْيةٌ وهى الصُّوَر فى المحاريب

tiḳâḳ (éd. Wüstenfeld), p. 164; *Les séances de Hariri*, commentaire par Silvestre de Sacy, p. 665; Freytag, *Arabum Proverbia*, I, p. 56; Caussin de Perceval, *Essai sur l'histoire des Arabes*, II, p. 260.

1. A et B وهى.

2. A sans بالعصا.

3. Ce vers est cité dans le commentaire d'Al-Ḥarîrî, *Maḳâmât*, p. 665. Il fournit à Ousâma l'occasion de développements que nous n'avons pas cru devoir insérer, non plus que le morceau composé de neuf vers, dont les quatre premiers et les trois derniers ont été publiés par R. E. Brünnow, *The twenty-first volume of the Kitâb al-Aghânî*, p. 187, notre vers à la ligne 8.

4. *Coran*, IV, 102.

وقوله أَغواها اى رعاها الغواء[1] وهو نبت تَسمن عليه الابل ، وقال المجشّر[2] الضّبّى [طويل]

فـان يَكُ مـدلولا علىّ فـانّنى كـريمُك لا عَمٌّ ولا انا فانِ
وقد عجمتْنى المـاجات فأسأرتْ صَليبُ العصا جِلْدا على الحَدَثانِ
صَبورًا على عَضّ الحروب وضربها اذا قلّصتْ عن الفم الشفتـانِ

(A, fol. 42 r°; B. fol. 32 r°) انشقّت العصا العربُ تقول فلانٌ شَقّ العصا اذا كان لا يدخل تحت حكم ولا طاعة مخالفا لامر الآمرِينَ ، ويُستعمل شَقّ العصا فيمن يَتفرّق عنه أَحبابُه ، ويَطعن عنه أَصحابُه ، فيَظهر مكنونُ سرّه ، ويبوح مخفىّ امره ، لضرورة البين الداعية الى ذلك قال ابو العَلاء احمد بن عبد الله بن سليمن المَعَرّىّ فى كتابه المسمَّى بالقائف مَرَّ ركبٌ بشجرة مَوْزيّة فاقتَضب انسان منهم عصا ثم شقّها ثم جعل[3] يقتدح قريبا من الشجرة فاورى الزند فقالت الشجرة يا هذا ما اسرع ما ظهر سرّك وسوف ترغب الركبُ فى اتّخاذ زناد منّى فأحور عيدانا فى ايدى القوم فقال لا تلمْنى المغرورة أَظهرتْ سرّى ضرورة

(A, fol. 43 v°-45 r°; B, fol. 33 r°-34 r°) وقال قيس بن ذَريح[4] [طويل]

1. Je ne trouve ni ce mot, ni ce sens, dans aucun des dictionnaires qui sont à ma portée.

2. A المجشّر ; B المحشر.

3. B فعد.

4. *Kitâb al-Agânî*, IX, p. 131.

الى الله أشكو نيّةً شقّت العصا   هى اليومَ شتّى وهى أمس جميعُ
مضى زمنٌ والناسُ يستشفعون بى   فهل لى الى لُبْنَى الغداةَ شفيعُ

واوّلُ هذه القصيدة

سَقَى طَلَلَ الدار التى انتم بها   حَناتِمُ وَبْلٍ صَيِّفٍ وربيعُ

قال المؤلّف اطال الله علاه وقد صرّعتُ هذه الابيات جميعا واثبتّها فى ديوان شعرى وانا ذاكر تصريع هذين البيتين لما فيهما من ذكر العصا قال غفر الله له

أيَرجو لىَ اللاحى من الذنب مُخْلصا   وقلبى اذا ما رُضْتُه بالأسَى عَصَا
ولو أنّ ما بى بالحَصَى فَلَقَ الحَصَا
الى الله أشكو نيّةً شقّت العَصَا   هى اليومَ شتّى وهى امس جميعُ
اطاعت بنا لُبْنَى افتراء التكذّبِ   وصَدُّ التجنّى غيرُ صَدّ التجنّبِ
فيا لك من دهرٍ كثيرِ التقلّبِ
مضى زمنٌ والناسُ يَستشفعون بِى   فهل لى الى لُبْنَى الغداةَ شفيعُ

وقال المؤلّف اطال الله بقاءه ايضا ابياتا فى ذكر العصا وهى   [طويل]

رَمَتْنا الليالى بافتراق مشتّتٍ   أشَتَّ وأنأَى من فراق المُحَصَّبِ
تخالفت الأهواء وانشقّت العصا   وشَعَّبنا وَشْكُ النّوَى كلّ مَشْعَبِ
وقد نثرَ التوديعُ من كلّ مُقلة   على كلّ خدٍّ لؤلؤا لم يُثقَّبِ

المصراع الثانى من البيت الاوّل من قصيدة لامرئ القيس بن حُجْر الكِنْدىّ

واسمه حُنْدُج[1] والحُنْدُجة الرملة الصغيرة واوّل القصيدة [طويل]

خَليلَىَّ مُرّا بى على أُمّ جُنْدُبِ نُقَضِّ[2] لُبانات الفُؤاد المعذَّبِ

ومنها البيت

فلله عينا من رأى من تفرّقٍ أشتّ وأنأى من فِراق المحصَّبِ

وقال ابو الحسن مِهْيار بن مَرْزَوَيْه الدَّيْلَمىّ[3] من جملة قصيدة له [رجز]

ما قصّرتْ يدُ الزمان شدّ ما تَطول[4] فى نَقْصى وفى نَقْص مِرَرْ[5]

عَصًا شَظايَا ومَشيبٌ زائغٌ ومنزلٌ ناءٍ وأحبابٌ غُدُرْ

وصاحبٌ كالداء ان أَخفيتَه غَوَّرَ وهو قائلٌ اذا استَتَرْ

وقال المؤلّف اطال الله بقاءه [كامل]

زِدْنى جَوًى[6] يا حُبّهم وأَضِلّنى يا مُرْشِدى[7] عن منهج السُّلوانِ

1. Slane, *Le diwan d'Amro 'lkais*, p. 23, 36-37; Ahlwardt, *The Divans of the six ancient Arabic poets*, p. 116 du texte, 55 des notes.

2. A نقضى.

3. Sur ce poète, voir plus haut, p. 338, note 1. J'ai publié plus bas un arrangement par Ousâma de l'une de ses poésies en strophes de cinq hémistiches et complété à cette occasion l'énumération des documents qui le concernent.

4. A يطول.

5. A مُرَر.

6. A et B جوا.

7. B يا من شدا, peut-être pour يا مُرشِدا.

لَا تَنْهَ[1] عَنْهُمْ فَإِنَّ صَبَابَتِي   لَا تَسْتَطِيعُ تُطِيعُ مَنْ يَنْهَانِي
أَحْبَبْتُهُمْ أَزْمَانَ غُصْنِي نَاضِرٌ[2]   حَتَّى عَسَا وَعَصَى بَنَانُ أَلْحَانِي
فَارْجِعْ بِيَأْسِكَ لَسْتَ أَوَّلَ آمِرِئٍ   شَقَّ الْغَرَامُ عَصَاهُ بِالْعِصْيَانِ

وقال ايضا [منسرح]

كَمْ ذَا التَّجَنِّي وَكَثْرَةُ الْعِلَلِ   لَا تَأْمَنُوا مِنْ حَوَادِثِ الْمَلَلِ
وَلَا تَقُولُوا صَبٌّ بِنَا كَلِفٌ   فَأَوَّلُ الْيَأْسِ آخِرُ الْأَمَلِ
وَلَسْتُ مِمَّنْ يُرِيدُ شَقَّ عَصًا   اَلذَّنْبُ ذَنْبِي وَالْحُبُّ شَفَّعَ لِي
هَبُونِيَ أَخْطَأْتُ عَامِدًا فَهَبُوا   خَجْلَةَ عُذْرِي مَا كَانَ مِنْ زَلَلِي

وقال امرؤ القيس بن حُجْر الكِنْدِيّ[3] [وافر]

اذَا مَا لَمْ تَكُنْ إِبِلٌ فَمِعْزًى   كَأَنَّ قُرُونَ جِلَّتِهَا الْعُصِيُّ
فَتَمْلَأُ بَيْتَنَا أَقِطًا وَسَمْنًا   وَحَسْبُكَ مِنْ غِنًى شِبَعٌ وَرِيُّ

اى كفاك وكذلك حَسْبُكَ اللهُ[4] اى كفاك الله

العرب تقول طارتْ عصا بنى فلان شِقَقًا (A, fol. 46 r°; B, fol. 35 r° et v°)

وقال الأَسَدِيّ [متقارب]

1. A et B لا تنهى.
2. A غصنى ناظر ; B عصى ناصر.
3. Slane, *Le diwan d'Amro 'lkais*, p. 39, 40, 58 et 59; Ahlwardt, *The Divans of the six ancient Arabic poets*, p. 162 du texte, 85 des notes.
4. *Coran*, VIII, 65.

عصا الشَّمْل من أَسَدٍ آرْآها قد انصدعتْ كما انْصَدَعَ الزُّجاجُ[1]

ويقال فلانٌ شَقَّ عصا المسلمين ولا يقال شَقَّ ثوبا ولا غيرَ ذلك ممّا يقع عليه اسمُ الشقّ

أَلْقَى العصا (A, fol. 49 v°-51 r°; B, fol. 38 v°-39 v°) يقال فلانٌ أَلْقَى عصا التَّسْيار[2] اذا اقام وترك السفر وكان العرب عنتْ بقولها أَلْقَى عصاه اى وصل الى بُغْيته ومراده او وطنه ومراده وراحته ومظنّة[3] استراحته قال الأَصمعىّ واسمه عبد الملك بن قُرَيب قصيدة مدح بها جعفر بن يحيى البرمكىّ ورحل اليه فمات[4] قبل ان يصل اليه وذكر فيها العصا وهى قصيدة طُولَى انا مورد منها نبذة لاجل العصا وهى[5] [متقارب]

فَحَطَّتْ اليها مَناقيلَها وأَلقتْ عصا السَّفَر المُسْفِرُ

وقال راشد بن عبد الله [طويل]

وخبّرها الرُّوّادُ أَنْ ليس بينها وبين قُرَى نَجْرانَ والدَّرْبِ كافرُ
فأَلقتْ عصاها واستَقرّتْ[6] بها النَّوَى كما قَرَّ عينا بالاياب المُسافرُ

1. Pour scander ce vers, on a dû lire كَانْصَدَعَ, sans tenir compte de *md*, bien que la proposition *ka* ne devienne pas régulièrement conjonction.

2. Rectifier d'après cela ce texte donné plus haut, p. 392, note 3; cf. aussi p. 335 et 508, note 2.

3. B ومطنه.

4. A ومات.

5. J'ai détaché ce seul vers du morceau, auquel Ousâma en emprunte seize.

6. A واستقر.

وقال اخر [طويل]

فألقتْ عصا التَّسيار عنها وخيّمتْ . بأَجْباء عَذْبِ الماء بيضٍ محافِرُهُ

الجَبَا ما حول البئر مفتوح الجيم مقصور وجمعه أَجْبائِ ممدود وقوله بيض محافره يريد انه يَحفر فى ارض سوداء ولا من دِمْن بل هى ارضٌ صلبة وقوله خَيَّمتْ اى اتَّخذت خيمة فاقامت رُوى ان قُتيبة بن مسلم لمّا تسنّم منبرَ خراسان سقط القضيب من يده فتطيّر له صديقُه وتشاءم عدوُّه فعرف ذلك قُتيبةُ[1] فحمد اللهَ تعالى وأثنى عليه ثم قال ليس كما سَرَّ العدوَّ وساءَ الصديقُ بل كما قال الشاعر

فألقتْ عصاها واستقرّتْ بها النَّوَى كما قَـرَّ عينـًا بالاياب المسافِرُ

(A, fol. 51 v°; B, fol. 40 r°) قال المؤلّف اطال الله بقاءه قال جدّى الامير سديد الملك والمناقب ابو الحسن علىّ بن مقلّد رحمه الله يخاطب بعض وُلاة حلب [كامل]

خَيَّمتَ فى حَلَبِ العَواصِمِ بعد ما قلّدتَّ خـوفَك نازحَ الأَقطـارِ

لا تُرْضِهـا دارَ الثَّواء ولا تَقِلْ فى مثْلِهـا تُلْقِى عصـا التَّسْيـارِ

اِسْتَحْيِ من أَجْداث قومك أن ترى عَرْضَ البسيطة وهْى دارُ قَرارِ

([2] A, fol. 52 v°-53 v°; B, fol. 41 r° et v°) قال المؤلّف اطال الله بقاءه حدّثنى من أثق به فى شوّال سنة تسع وستّين وخمسمائة بحصن كيفا قال كان فى خدمة

1. A sans قتيبة.
2. Plus haut, p. 359.

الامير نجم الدولة مالك بن سالم صاحب قلعة جعبر رجل عوّاد يقال له ابو الفَرَج حدّثنى كنتُ يوما فى مجلس الامير نجم الدولة وهو يشرب الى ان سكر وانصرفتُ الى منزلى فما كان اكثرُ من مضىّ ساعتين من الليل اذ وافانى رسوله فقال الامير يستدعيك فقلت ما زلتُ حتّى سكر قال هو امرنى باحضارك فمضيتُ معه فرأيت الامير جالسا فقال يا ابا الفرج بعد انصرافكم نُمْتُ فرأيت انسانا يغنّينى صوتا حفظتُه ثم أُنسيتُه واريد ان تذكّره لى فقلت يا مولاى آذكرْ لى منه كلمة فقال ما أَذكُرُ منه شيئا ولكن آعرِضْ علىّ ما يَحضرك فعرضتُ عليه أصواتا كثيرة وهو يقول ما هذا الصوت[1] الذى رأيتُه ثم قال انصرفْ وآفكرْ[2] لعلّك تذكّره فانصرفتُ وأَصبحتُ من بكرة طلعتُ الى خدمته فقال يا ابا الفرج اىّ شئ كان من الصوت قلت يا مولاى لا يَعلم الغيبَ الاّ اللهُ[3] سبحانه وتعالى قال واللهِ لئن لم تذكّره لَاخرجتُك من القلعة فقلت واللهِ يا مولاى ما أَدرِى ما أُذكّره من صوت ما سمعتُه ولا ذكرتَ لى منه كلمة واحدة فقال خُذوه وأَخرجوه فاخرجونى الى البُدُبُل[4] فاقمتُ فيه يوما ثم ردّنى وعدتّ فى الخدمة كما كنت فانا يوما فى المجلس أُغَنّى اذ قال لى بعض الفرّاشين على الباب رجل يَطلبك فخرجتُ اليه فرأيت رجلا عليه عمامة مطلّسة كعمائم المغاربة فسلّم علىّ وقال قد قصدتّك لتوصل لى فى الحضور بمجلس الامير فانا رجل

1. B sans الصوت.
2. A sans وافكر.
3. Emprunt abrégé au *Coran*, XIII, 66.
4. B البليل. J'ai reproduit A, y compris les voyelles.

مُغَنٍّ[1] فدخلتُ واعلمتُه به وقلت يا مولاى ان كان مُجيدا سمعتَه واستخدمتَه والاّ وهبتَه شيئا وانصرف فأَذِنَ له فدخل فسلّم وجلس فشدّ عُودَه وغنّى[2] [طويل]

وخبّرها الرُّوّادُ أَنْ ليس بينها وبين قُرَى نَجْرانَ والدَّرْبِ كافرُ
فأَلقتْ عصاها واستقرّت[3] بها النَّوَى كما قَرَّ عينًا بالاياب المُسافرُ

فقال الامير لا اله الاّ الله هذا والله الصوت الذى رأيتُه فى منامى وطلبتُه منك فعجبتُ انا ومن حضر لهذا الاتّفاق

عصا الأَعرج

(A, fol. 57 v°; B, fol. 45 r°) وقال المؤلّف اطال الله بقاءه فى أَعْرَج بيتين[4] على سبيل الرياضة ذكرها وان لم يكن فيهما ذكرُ العصا [بسيط]

عابوا هَوَى شادنٍ فى رجله قِصَرٌ من شُكْرِ أَلحاظه فى مَشْيه ثَمَلُ
وما هَوَى خُوطِ بانٍ ماسَ من هَيَفٍ عَيْبٌ وان كان عيبا فهو محتمَلُ

([5] A, fol. 65 r°-67 r°; B, fol. 51 r°-52 r°) فصل قال المؤلّف اطال الله بقاءه زرتُ بيت المَقْدس فى سنة اثنتين وثلاثين وخمسمائة وكان معى من اهله من يعرّفنى المَواضع التى يصلَّى فيها ويُتبرّك بها فدخل بى الى بيتٍ جانبَ قُبّة الصَّخْرة فيه

1. A مغن ; B معنى.
2. Plus haut, p. 515, l. 12 et 13.
3. A واستقر.
4. A بيتان.
5. Passage traduit plus haut, p. 173-174.

قناديل وستور فقال لى هذا بيت السلسلة فاستخبرتُه عن السلسلة فقال لى هذا بيت كانت فيه على عهد بنى اسرائل سلسلة اذا كان بين اثنين من بنى اسرائل محاكمة ووجبت اليمين على احدهما دخلا هذا البيتَ فوقفا تحت السلسلة واستَحلف المدّعِى على المدّعَى عليه ثم يَمدّ يده فان كان صادقا أَمسك السلسلة وان كان كاذبا طالت عن يده فلا يصل اليها فأَودعَ رجل من بنى اسرائل جوهرا عند رجل ثم طلبه منه فقال اعطيتُك ايّاه فقال تحاكِمُنى الى السلسلة فمضى المستودِعُ فاخذ عصًا فشقّها وحفر فيها للجوهرِ وتركه فيها ثم أَلصقها عليه ودهنها واخذها فى يده ودخل مع خصمه بيتَ السلسلة فقال للخصم امسكْ عنّى هذه العصا فمسكها ثم حلف له أنّه سلّم الجوهر اليه ومدّ يده فأَمسك السلسلةَ ثم عاد اخذ العصا وخرجا فارتَفعت السلسلةُ من ذلك اليوم ولم أَرَ هذا الحديث مسطورا وانما اوردتُّه كما سمعتُه قال المؤلّف اطال الله بقاءه كان عندنا بشيزر رجل زاهد من خيار المسلمين اسمه جرّار[1] رحمه الله وكان منقطعا على مسجد على جبل جريجس[2] لا يخرج منه الّا على صلوة الجمعة وكنتُ أَزوره فيه وأَتبرّك به فحدّثنى عنه بعض من كان يخالطه انّه قال اردتُّ زيارة الشيخ ياسين[3] رحمه الله وأَظنّه كان بمَنْبِج فخرجتُ انا ورفقة لى وفى نفسى أن أَطلب منه عصًا فلمّا صرنا بالقرب من منبج ومعنا فضلة من زادنا فتحنا رُجْمَ[4] حجارة ودفنّاها

1. A جرارا ; B حرار.
2. B حرس ; cf. plus haut, p. 159, note 3.
3. B يس ; cf. *Coran*, XXXVI, 1.
4. J'emprunte cette vocalisation à A.

فيه ثم رددنا عليه الحجارة ودخلنا على الشيخ رحمه الله فاقمنا عنده ما اقمنا ثم ودّعناه وعزمنا على المسير فاحضر لنا زادا وقال احملوا هذا فانّ زادكم اكله الثعلب واحضر عصا واخرج من تحت عمامته طاقية وقال لى خذ هذه العصا وهذه الطاقية فودّعنا وانصرفنا وانا مسرور بالعصا والطاقية ونحن نَعجب من قوله عن الزاد فلمّا صرنا الى الموضع الذى فيه الزاد طلبناه فلم نجده واذا الوحشُ قد اكلتْه فسرنا ثم افترقنا وركب كلّ رجل منّا قصده فوصلتُ الى ارض شيزر واذا الفرنج قد اغاروا على البلد وهم منتشرون فيما بينى وبين قصدى فوقع فى نفسى أن اخرجتُ الطاقية من تحت عمامتى ووضعتها على رأس العصا ومشيتُ على الطريق والفرنج عن يمينى وشمالى وبين يدىّ والعصا فى يدى وعليها الطاقية فلا والله ما عارضنى منهم احد كأنّ الله سبحانه وتعالى أَعْمَى أَبْصَارَهُمْ[1] عنّى فما نالنى منهم سوءٌ حتّى وصلتُ الى مَأْمنى قال المؤلّف اطال الله بقاءه ولعلّ من يقف على هذا الحديث يَدفعه ويكذّبه ، وقد جرى بشيزر ما هو اعجبُ من هذا وانا حاضر نزل الفرنج خذلهم الله علينا فى بعض السنين وكان الماء بيننا وبينهم وهو اذذاك زائد لا يُمكن خَوْضُه فما كان لنا اليهم سبيل ولا لهم الينا فلمّا تبيّنوا ذلك انتشروا فى الارض ودخلوا فى البساتين يرعون خيلهم فجاء منهم نفر الى بستان على جانب الماء ومعهم خيلهم فتركوها تَرعى فى قَصيل فى البستان وناموا فتجرّد رجالٌ من اصحابنا وسبحوا اليهم ومعهم سيوفهم فقتلوا منهم وجرحوا بعضهم وانتشر الصياح فى الفرنج وهم فى

1. *Coran*, XLVII, 25.

خيمهم ففزعوا وجاءوا مثل السيل كلّ من ظفروا به قتلوه وانتهى بعضهم الى مسجد ممّا يليهم يُعرَف بمسجد ابى المجد بن سُمَيّة[1] ونحن نراهم ولا سبيل لنا اليهم وفى المسجد رجل يُعرَف بحَسَن الزاهد رحمه الله واقف يصلّى على سطحه وعليه ثياب سود صوفا وباب المسجد مفتوح فجاء الفرنج وترجّلوا ودخلوا المسجدَ ونحن نقول الساعةَ يقتلون الشيخ فلا والله ما قطع صلوتَه ولا تحرّك من مُصلّاه ونحن نظنّ أنّهم يرونه كما نراه الاّ أنّ الله سبحانه وتعالى اعمى ابصارهم عنه وحماه من كيدهم وخرجوا من المسجد بأجمعهم وانصرفوا والشيخُ رحمه الله فى مصلّاه كما كان وما العيانُ كالأخبار والسّماع

([2]A, fol. 68 v°-69 r°; B, fol. 53 r° et v°) قال المؤلّف اطال الله بقاءه

حضرتُ بدمشق وقد وقع بين العُمْيان وبين رجل كان يتولّى وَقْفَهم يُعرَف بابن البعلبكّى خُلْفٌ فلقوا فيه صاحبَ دمشق شهاب الدين محمود بن تاج الملوك بورى رحمه الله عدّةَ مرار فقال للامير[3] مجاهد الدين بُزان بن مامين أىْ مجاهدَ الدين تالله خلّصْنى منهم وأجمعْهم وأحضرْ نائبهم فى الوقف وأفْصِلْ[4] حالهم فقال السمع والطاعة وقال لى مجاهد الدين تفضَّلْ وأحضرْ معنا فاجتمعنا فى ايوان كبير فى دار وحضر النائب ابن البعلبكّى ونائب كان قبله يقال له ابن الفرّاش

1. Ousâma, *Autobiographie*, p. 68, dernière ligne, et voir l'anecdote entière, *ibid.*, p. 68-69.

2. Traduit plus haut, p. 176-177.

3. A et B الامير ; voir plus haut, p. 176, note 3.

4. J'ai traduit « et améliore leur situation », en lisant وأفضل (A et B وافصل); je traduirais, d'après le texte adopté : « et règle leur situation ».

4

وحضر العميانُ فى نحو من ثلثمائة رجل فحملوا قُدّامهم ودخلوا الايوانَ كلّ واحد وعصاه معه فى يده وضعها الى جنبه ثم تجاوَرُوا[1] الحديثَ فكان بعضهم هواه مع النائب الاوّل ابن الفرّاش وبعضُهم هواه مع ابن البعلبكّى فتنازعوا وتخاصموا ساعة ولا يُندخل بينهم لعلوّ أصواتهم وكثرتهم ثم تواثبوا فارتفع فى الايوان نحوٌ من ثلثمائة عصًا فى ايدى العميان لا يَدرون من يضربون وعلا الضجيج والصياح حتّى ندمتُ على حضورى فتلطّفا الامرَ حتّى سكنت الفتنة بينهم ومشّيا[2] امرَهم على ما ارادوا وما صدقنا أنّهم يتصرّفون[3]

العَصَا فرسُ جَذيمةَ الأبرش

([4]A, fol. 74 r° et v°; B, fol. 57 r°) قال المؤلّف اطال الله بقاءه ومع ما اوردتُه فيه من قول اصحاب السِّيَر وأشعار الشعراء[5] فلا يحقّق ذلك من مارس الحروب وعرف مكايدها واتّقاء الرجال التغرير[6] والتخوّف من سوء عواقب الحيلة وضعفَ المكيدة والحزمُ فى الحرب ابلغ من الاقدام وقد حاربتُ الفرنج

1. B تحاور الحدث.

2. A ومشينا.

3. J'ai traduit en lisant ينصرفون (A يصرفون); mon texte s'appuie sur B يتصرفون et signifie : « que les aveugles céderaient ».

4. Traduit plus haut, p. 469-470.

5. Il s'agit des mille soldats introduits, prétendaient historiens et poètes, par Kouṣair ibn Sa'd Al-Lakhmî au cœur de la ville où résidait Zabba, la reine qui avait tué son ami Djadhîma al-Abrasch, en les dissimulant dans des sacs à blé, dans des coffres et dans des caisses (فى الجواليق والتوابيت والصناديق); cf. Caussin de Perceval, *Essai sur l'histoire des Arabes*, II, p. 37-38.

6. A التعزير.

خذلهم الله فى مواقف ومواطن لا أُحْصِى عددها كثرةً فما رأيتهم قط كسرونا فالجّوا فى طلبنا ولا يَزيدون خيلَهم عن الخبب والنقل خوفا من مكيدة تَتمّ عليهم فكيف يحكّم من فى رأسه لُبٌّ على نفسه حتّى يَدخل فى غرارة مشدودة[1] عليه وفى تابوت وكيف يَخفى الرجل اذا ربطتُ عليه غِرارةٌ وحطر لى أن قلتُ عند انتهائى الى هذا الموضع أبياتا انا ذاكرها وهى [كامل]

لو سِرْتَ فى عَرْض البسيطة طالبًا   رجلا خبيرا بالحروب مجرَّبا
عانَى الحروبَ مُجاهِرًا ومُخاتلًا   طفْلًا الى أن عاد همًّا أشْيَبا
قَتَلَ الاسودَ ونازَل الأَبطالَ فى الـهَيْجاءِ واقتادَ الكَمِىَّ المُحْرَبا
لم تَلْقَ مِثْلى من يَكاد يُرِيه حُسْنُ الرأى ما قد كان عنه مُغيَّبا
وأَرَى مَسِيرَ الأَلْف تَطلب وِتْرَها   ضِمْنَ الغَرائرِ فِرْيةً وتكذُّبا

فصل قال الفرزدق فى قصيدة مدح بها (A, fol. 75 r°; B, fol. 58 r°) هشام بن عبد الملك [طويل]

رايتُ بنى مَرْوانَ جَلّتْ سيوفُهم   عَشًا كان فى الأبصار تحت العَمائمِ
عصا الدِّين والعُودَيْنِ والخاتَمَ الّذى   به اللّهُ يُعْطِى مُلْكَهُ كلَّ قائمِ

عصا الدين السيف والعُودان العصا والمنْبر

رأيتَ العَشاوات انجلتْ حين أُعطيتْ   هِشاما عصا الدين الّذى لم تخاصِمِ

1. A مسدوده.

[وافر] فَصْل قال معن بن اوس المُزَنىّ[1] (A, fol. 79 v°-80 r°; B, fol. 61 v°)

إذا اجتَمع القبائلُ كنتُ رِدْفًا أَمامَ الماسحينَ لك السِّبالاَ
فلا تُعْصِى عصا الخُطَباءِ فيهم وقد تَكفى المقادةَ والمقالاَ

وقال اخَر فى عصا الخطابة [متقارب]

اذا اقتَسم الناسُ فضلَ الفخارِ أَطَلْنا الى الارض ميل العصِىّ

تقول العرب ما تَزال تَحفظ اخاك حتّى تاخذ القَناة فعند ذلك يَفضحك او يَمدحك تقول اذا قام الخطيبُ والقناةُ بيده فقد قام المقامَ الذى يَخرج منه مذموما او محمودا وقال جرير بن عَطيّة [بسيط]

مَن للقَناة اذا ما عَىَّ قائلُها ام للأَعنّة يا عمرو بن عَمّارِ

عن عبد الله بن رؤبة بن العجّاج قال سأل رجل رؤبة عن أَخطب بنى تميم فقال خداشُ بن لبيد بن بَيْبة بن خالد يعنى البَعيث الشاعر وانما قيل له البَعيث لقوله[2] [طويل]

تَبَعَّثَ منّى ما تَبَعَّثَ بعد ما أُمِرّت حِبالى كلَّ مِرّتها شَزْرًا[3]

1. A et B المرى.
2. *Hamasæ carmina*... edidit...Freytag, p. 183; versio latina, I, p. 327.
3. B شرزا (A شَرْرا).

قال ابو اليَقْظان كانوا يقولون أَخطبُ بنى تميم البَعيث اذا أَخذ القناة فهَزَّها ثم اعتَمد بها على الارض ثم رفعها يريد بالقناة العصا قال يونس لئن كان مغلَّبا فى الشعر لقد غلب فى الخُطَب العربُ تقول اعتَصى بالسيف اذا جَعَلَ السيف عصًا وقال عمرو بن الاُطنابة [خفيف]

وفتًى يَضرب الكتيبة بالسيــــف اذا كانت السيوفُ عصيًّا

وقال مُحْرِز [كامل]

نزلوا اليهم والسيوفُ عصيُّهم وتذكّروا دمًّا لهم وذُحولاَ[1]

فصل جامع قال عمرو بن بحر الجاحظ (A, fol. 82 r°; B, fol. 63 r° et v°)

الدليل على انّ العصا ماخوذ من اصل كريم ومعدن شريف اتّخاذُ سليمن بن داود عليهما السلام العصا لخطبته وموعظته ومقاماته وطول صلواته وتلاواته وانتصابه فجعلها لتلك الخصال ، وقول الله عزّ وجلّ[2] فَلَمَّا قَضَيْنَا عَلَيْهِ الْمَوْتَ مَا دَلَّهُمْ عَلَى مَوْتِهِ اِلَّا دَابَّةُ الْاَرْضِ تَاْكُلُ مِنْسَاَتَهُ والمِنْسأةُ هى العصا ، وقال ابو طـالب حين قام يَذمّ الرجل الذى ضرب ابا نُبَقَةَ[3] واسمه علقمة حين تخاصما[4] [طويل]

1. B ودحاولا.
2. *Coran*, XXXIV, 13.
3. A نِبْقَة ; B نبعه.
4. Al-Djauharî, *Saḥâḥ*, racine نسأ ; Schwarzlose, *Die Waffen der alten Araber*, p. 210.

أَمِنْ اجلِ حبلٍ ذى زِمامٍ ضربتَه بِمِنْسـأةٍ قد جاءَ حبلٌ وأَحبُلُ

(A, fol. 82 v°; B, fol. 63 v°) والمِحْجَنة العصا المعوجّة وفى الحديث المرفوع أنّه صلّى الله عليه وسلّم طاف بالبيت يَستلم الأركانَ بمِحْجنة وفى الحديث أنّ ابا بكر رضى الله عنه أَفاضَ من جمعٍ وهو يَحرش بعيره بمِحْجنة

(A, fol. 83 v°; B, fol. 64 r° et v°) والعربُ تقول لو كان فى العصا سَيْرٌ للمُقِلّ والضعيف قال ابو تمّام حبيب بن اوس الطائىّ[1] [بسيط]

يا لك من همّةٍ ورأىٍ لو أنّه فى عصاك سَيْرٌ
رُبَّ قليلٍ حَدَا[2] كثيرا كم مَطَرٍ بَدْؤُه مُطَيْرٌ
صبرًا على الحادثات صبرًا مـا فعل الله فهْو خيرُ

وتقول العرب قد أَقبل فلانٌ وعصاه اذا اصابه السّواف وهو ذهاب المال وموتُه فرجع وليس معه الاّ العصا فانّه لا يفارقها ان كان معه ابل اوّلا قال حُمَيْد بن سَعيد [كامل]

واليومَ يَنتزع العصا من ربّها ويَلوكُ ثِنْىَ لسـانه المَنْطِقُ

(A, fol. 84 r°-85 r°; B, fol. 65 r° et v°) قيل كانت العرب تقاتل بالعصىّ

1. *Les séances de Hariri*, commentaire par Silvestre de Sacy (2e éd.), p. 232.

2. Ap· قليل, A et B احدى.

فلهذا قال الأَعْشَى ميمون بن قيس بن جندل[1] [كامل]

لَسْنا نضارب بالعصىّ ولا نقاذف بالحجارهْ
الّا بكلّ مهنّد عَضْبٍ من البيض الذّكارهْ
قَضِمٍ[2] المضارب باترٍ يَشفى النفوسَ من الحَرارهْ

وقال جَنْدَل الطُّهَوِىّ[3] [رجز]

حتّى اذا دارت عصانا تَجرى صاحت عصىٌّ من قَنًا وسِدْرِ

تقول العرب العصا من العُصَيّة والأَفعَى من الحيّة تريد انّ الامر الكبير يحدث من الصغير والعرب تسمّى الصغيرَ الرأس رأسَ العصا وكان عُمَرُ بن هُبَيْرَةَ[4] صغير الرأس فقال فيه سُويد بن الحارث [طويل]

مَنْ مُبلغٌ رأسَ العصا أنّ بيننا ضغائنَ لا تُنْسَى وان هى سُلّت
رُضيتَ لقَيْسٍ بالقليل ولم تكن أَخًا راضيا أنْ صدرُ نَعْلك زَلّتِ

اى لم تكن قيسٌ تَرضى لك بالقليل وقال ابو العَتاهية فى والبةَ بن الحُباب وقومه وكانت رؤوسُهم صغارا [طويل]

1. Ousâma donne, avant ces trois vers, trois autres vers du même morceau, parmi lesquels le premier.

2. A قُضُمِ.

3. A الظُّهَوِىّ.

4. A et B عمر بن ابى هبيرة (B عمرو).

رؤوسُ عِصِيٍّ كُنَّ فى عَوْدِ أَثْلَةٍ   لها قادِحٌ يَفْرِى وآخَرُ مُحْرِبُ

وفى حديث زَواج رسول الله صلّى الله عليه وسلّم خَديجَةَ بنت خُوَيْلد رضى الله عنهما وقد تكلّمَ ابو طالب وذكر رُغْبته فيها فقال قائل منهم[1] ابنُ اخيك الفَحْلُ لا يُقْرَع بالعصا[2] أَنْفُهُ وذاك أنّ الفحل اللئيم اذا اراد الضراب فى الابل ضربوا انفه بالعصا ، وفى خُطْبة الحجّاج[3] والله لأعصبنّكم عَصْبَ السَّلَمة ولأضربنّكم ضَرْبَ غرائب الابل وذلك أنّ الأشجار تُعصَب أَغصانُها لتَجتمع ثم تُخبَط بالعصا ليَسقط ورقُها وهَشيمُ العيدان لتأكله الماشية

قال المؤلّف اطال الله بقاءه (*A, fol. 90 v°-91 v°; B, fol. 69 v°-70 r°)

زُرْتُ قبر يحيى بن زكرياء عليهما السلام بقرية يقال لها سَبَسْطِيَةُ[5] من أَعمال نابُلُسَ فلمّا صلّيتُ خرجت الى ساحة بين يدى الموضع الذى فيه القبر محوط عليها واذا باب مردود ففتحتُه ودخلت واذا كنيسة فيها نحو من عشرة شيوخ رؤوسهم مكشوفة كانّها القطن المندوف وقد استقبلوا الشرقَ وفى صدورهم عصىٌّ فى رؤوسها عوارضُ معوجّةٌ على قدر صدر الرحل وهم مُعهِدون عليها[6] ويُمَنَح بين ايديهم بقَراءة فرأيتُ منظرا يَرِقّ له القلب وساءنى وآسفنى اذ لم أَر

1. A قائلهم.

2. A العصا; B sans ce mot.

3. De même plus haut, p. 509, l. 1 et 2.

4. Traduit plus haut, p. 189-190.

5. J'ai écrit Sabasṭiyya, comme si le *yâ* avait un *taschdîd*; de même aussi (Socin), *Palestine et Syrie*, p. 360-362; l'orthographe est épelée sans *taschdîd* par Yâḳoût, *Mou'djam*, III, p. 33. A سَبَسْطِيه.

6. Ap. الرحل, B منهم وهم معتمدون عليها.

فى المسلمين من هو على مثل اجتهادهم فمضتْ على ذلك مدّةٌ فقال لى يوما معين الدين أُنَر[1] رحمه الله وانا وهو نسير عند دار الطّواويس أَشتهى أَنزلُ أَزور المشايخ قلت الامر كذلك فنزلنا ومشينا الى منزل عريضٍ طويل فدخلناه وانا أَظُنّ انّ ما فيه احدا واذا فيه نحو من مائة سجّادة وعلى كلّ سجّادة رجل من الصّوفيّة عليهم السّكينة والخشوع عليهم ظاهر فسرّنى ما رأيتُ منهم وحمدتُ الله عزّ وجلّ ورايت فى المسلمين من هو اكثرُ اجتهادا من اولئك القسوس لم أَكن قبل ذلك رايت الصوفيّة فى دارهم ولا عرفتُ طريقهم

(A, fol. 104 r°; B, fol. 79 r°) ويقال يومٌ أَطولُ من ظلّ القَناة وأَحرّ من دمع المِقْلاة قال عبد الله بن الدُّمَيْنة[2] [طويل]

ويومٍ كظلّ الرّمح قصّر طولَه دمُ الزّقّ عنّا واصطفاقُ المَزاهرِ

ويقال رجل كالقناة وفرس كالقناة قال عُرْوة بن الورد[3] [طويل]

متى ما يجئْ يوما الى المال وارثى يَجِدْ جُمْعَ كفٍّ غيرِ مَلْأَى ولا صفْرِ
يَجِدْ[4] فَرَسا مثل القناة وصارما حُساما اذاما هُزّ لم يَرْضَ بالهَبْرِ

1. A أُنُر; voir p. 150, note 4; p. 189, note 7.

2. Freytag, *Arabum proverbia*, II, p. 43, avec une autre attribution de poète.

3. *Hamasæ carmina*... edidit... Freytag, p. 778; versio latina, II, p. 657, où ces deux vers sont attribués à Ḥâtim aṭ-Ṭâ'î.

4. A يجِد.

ويقال للرجل اذا لم يكن معه عصا باهلٌ (A, fol. 104 v°; B, fol. 79 v°) وناقة باهلٌ اذا كانت بغير صرار

فصل في بديع ما جاء في عصا الكِبَر (A, fol. 107 v°; B, fol. 81 v°)

وقال المولى مؤيّد الدولة (A, fol. 109 v°-110 r°; B, fol. 83 r° et v°) مؤلّف هذا الكتاب اطال الله بقاءه في المغنى [كامل]

أَسَفِي على عصر الشباب تَصرّمتْ أيّامُه لا بل على أيّامي
لم أَبكِهِ أَسَفًا على مَرَحِ الصِّبَى ووصالِ[1] غانيةٍ وشُرْبِ مُدامِ
لكن على جَلَدي وخَوْضِي مَعْرَكًا يَرتاعُ فيه الموتُ من اقدامي
بيدي حُسامٌ كلّما جرّدتُه يومَ الوَغَى أَغمدتُه في الهامِ
والصدرَ مُعتدلَ[2] الكعوب حطمْتُهُ في صدر كَبْشِ كتيبةٍ قَمْقامِ
ونِزالُ فُرْسانِ الهِياج وكلّهم فَرِقٌ لهول تقحّمي ومُقامي
واقتَلَى الأُسْدَ الضّوارِيَ نَحْطُها كالرّعْدِ قَعْقَعَ في متون غَمامِ
تَلْقَى اذا لاقيتَها أَسَدًا له بَأْسٌ[3] يُبِيحُ به حِمَى الآجامِ
لو أنّ عين ابن زُبَيْدٍ عاينتْ فَتَكاتِه لَأَقَرَّ بالاحجامِ
فحملتُ من بعد الثمانين العصا متيقّنًا انذارَها لِحِمامي[4].

1. B او وَصْلِ, que le mètre et le sens comportent également.

2. A ولصدر معتدل الكعوب.

3. B باسًا.

4. A انذارُها; B لِحِمامِ.

وقال ايضا اطال الله بقاءه فى المعنى[1] [بسيط]

مع الثمانين عاث الضُّعْف فى جَلَدى[2] وساءنى ضعفُ رجْلى واضطرابُ يدى
اذا كتبتُ فخطّى خطّ مضطرب كخطّ مرتعش الكفّين مرتعد
وان مشيتُ وفى كفّى العصا ثقُلتْ رجْلى كأنّى أخوضُ الوَحْلَ[3] فى الجَلَد
فاعْجَبْ لضعف يدى عن حملها قلمًا من بعد حَطْم القَنا فى لَبّة الأسَد
فقُلْ لمن يَتمنّى طُولَ مُدّته هذى عواقبُ طول العُمْر والمَدَد[4]

قال المؤلّف اطال الله بقاءه ([5] A, fol. 112 v°-113 v°; B, fol. 85 v°-86 r°)
دخل[6] علىّ بالموصل سنة ستّ وعشرين وخمسمائة رجل من اهل الموصل نصرانىّ يُعرَف بابن تَدْرُس[7] وهو شيخ كبير يمشى على عصا ليسلّم علىّ وأنشدنى والعصا بيده قبل السلام [خفيف]

أَحْمَدُ الله اذ سَلِمْتُ الى آن صرتُ أمشى وفى يدى عُكّازَه
نِعْمةٌ ليتنى بقيتُ عليها خالدا لا أُشالُ فوق جنازَه

1. Ousâma, *Autobiographie*, p. 122; Aboû Schâma, *Kitâb ar-rauḍatain*, I, p. 114, l. 3 à 7, et non p. 144, comme il a été imprimé plus haut, p. 357, note 1, au-dessous de la traduction française de ces cinq vers.

2. A حلدى ; B خَلَدى , le manuscrit de l'*Autobiographie* clairement جلَدى.

3. B الماء.

4. B والمدُد.

5. Plus haut, p. 144.

6. A partir de ce mot, A est une copie moderne de B, faite avec une certaine liberté de changements et de corrections.

7. Cette vocalisation d'après B.

وقال اخر [طويل]

عصيتُ العصا ايّامَ شَرْخِ شبيبتى فلمّا انقضى شرخُ الشّباب أطعتُها
أُحَمِّلُها ثقلى ويَحسب كلُّ من رآها بكفّى أنّنى قد حملتُها

وقال المؤلّف رحمه الله [رمل]

حَمَلَتْ ثقلِىَ فى السَّهْل العصا وَثَبَتْ فى حين حاولتُ الحُزُونا[1]
واذا رِجْلِىَ خانتْنى[2] فلا لَوْمَ[3] عندى للعصا فى أن تَخُونا

قال المؤلّف وانشدنى العَميد ابو الحسن علىّ بن ابى الآمال بالموصل فى سنة ستّ وعشرين وخمسمائة ولم يُسَمِّ القائل[4] [كامل]

ما زلْتُ أَرْكَبُ شاكلاتِ الرَّبْرَبِ حتّى مشيتُ على العصا كالأَحْدَبِ
وتَزِلُّ رِجْلِى كلّما ثبّتُّها فكأنّنى أَمْشِى الوَجِىَ فى الطَّلَبِ
أَأَزِيدُ ثالثةً وأَنْقُصُ عن مَدَى مَشْىِ اثنتين لقد أتيتُ بِمُعْجِبِ
والليثُ لو بلغتْ سِنُوه سِنّى او قاربتْ أَمْسَى فريسةَ ثَعْلَبِ

قال وانشدنى القاضى الرشيد احمد بن الزّبير بمصر سنة تسع[5] وثلاثين وخمسمائة

1. A الحزونا.
2. A رجيلى جاينى ; B رجلى حاسى.
3. A et B dans le premier hémistiche.
4. Plus haut, p. 144.
5. A et B سبع ; pour cette correction, voir plus haut, p. 207, note 4.
Sur les relations personnelles entre Al-Ḳâḍi ar-Raschîd Ibn Az-Zoubair

للشاعر[1] المعروف بالمُكَرْبِل[2] [وافر]

تَقَوَّسَ بعد طول العُمْر ظَهْرى   وداسَتْنى الليالى اَىَّ دَوْسِ
فَأَمْشِى والعصا تَمْشِى أَمامى   كأَنَّ قِوامها وُتُرٌ لقَوْسِ

قال المؤلّف رحمه الله انشدنى ([3]A, fol. 115 v°-116 r°; B, fol. 87 v°-88 r°) الخطيب مجد الدين ابو عِمْران موسى بن الخطيب قُدْوة الشريعة يحيى الحَصْكَفِىّ رحمه الله بظاهر مَيّافارِقِينَ فى شعبان سنة احدى وستّين وخمسمائة [طويل]

كَبُرْتُ الى ان صِرْتُ أَمْشِى على العصا   لِتُخبَرَ ما أَعْدَى الزمانُ من الوَهْنِ
يقولون ما تَشكى وهل مِن شِكايةٍ   أَشَدَّ على الانسان من كِبَرِ السِّنِّ

قال وانشدنى ايضا لبعضهم [طويل]

ولكنّنى أَلزمتُ نفسىَ حَمْلَها   لِأُعْلِمَها أنّ المقيم على سَفَرْ

قال وانشدنى بها الموفّق نصر بن سلطان[4] لبعضهم [خفيف]

et Mourhaf, le fils d'Ousâma, auxquelles il est fait allusion p. 207, voir aussi 'Imâd ad-Dîn, *Kharîdat al-ḳaṣr* (manuscrit 1374 de l'ancien fonds arabe), fol. 1 r°.

1. A et B الشاعر.

2. Ce poète satirique se nommait Aboû Alî Ḥasan ibn Sa'îd Al-'Askalânî. Il est l'objet d'une notice dans 'Imâd ad-Dîn, *Kharîdat al-ḳaṣr* (manuscrit 1374 de l'ancien fonds arabe), fol. 198 r°-200 v°; voir aussi fol. 10 r°, et cf. Dozy, *Catalogus codicum Bibliothecæ Academiæ Lugduno-Batavæ*, II, p. 271.

3. Plus haut, p. 322.

4. Plus haut, p. 134, note 4.

كلّ أمرى اذا تفكّرت فيه وتأمّلته تراه ظريفا
كنتُ أمشى على اثنتين قويًّا صرتُ أمشى على ثلاث ضعيفا

قال المؤلّف رحمه الله [بسيط]

اذا تقوّس ظهرُ المرء من كبَرٍ فعادةً[1] القوس يمشى والعصا وتَرُ
فالموتُ أروحُ شىءٍ يَستريح به والعَيْشُ فيه له التعذيبُ والضّررُ

وقال ايضاً[2] فى المعنى [طويل]

اذا عاد ظهرُ المرء كالقوس والعصا له حين يَمشى وهْى تَقدمه وَترْ
ومَلَّ تكاليفَ الحيوة وطولَها وأضعفَه من بعد قوّته الكبَرْ
فانّ له فى الموت أَعظَم راحةٍ وأَمْنٍ من الموت الذى كان يُنتظَرْ

وقال المؤلّف رحمه الله[3] (A, fol. 118 r° et v°; B, fol. 89 v°-90 r°) [رجز]

حنانىَ الدهرُ وأفنتنى الليالى والغيَرْ
فصرتُ كالقوس ومن عصاىَ للقوس وتَرْ
أهْدِجُ فى مَشْىٍ وفى خَطْوى فُتورٌ وقِصَرْ

1. B فعادةُ.

2. Entre ايضا et فى, A et B هى.

3. 'Imâd ad-Dîn, *Kharîdat al-kaṣr*, dans *Nouveaux mélanges orientaux*, p. 141-142.

كأنّنى مقيّدٌ وانما القيدُ الكِبَرْ
والعُمْرُ مثلُ الماء فى اخره يأتى الكَدَرْ

وانشدنى الامير السيّد شهاب الدين ابو عبد الله محمّد بن شهاب الدين العَلَوىّ الحُسينىّ بالموصل فى شوّال سنة خمس وستّين وخمسمائة لبعض المغاربة[1] [بسيط]

ولى عصا فى طريق السَيْر أَحْمَدُها بها أُقَدِّمُ فى تأخيرها قَدَمى
كأنّها وهْى فى كفّى أَهُشُّ بها على ثمانين عاما لا على غَنَمى
كأنّنى قوسُ رامٍ وهْى لى وَتَرٌ أَرْمى عليها رماءُ[2] الشيب والهَرَمِ[3]

قال المصنّف رحمه الله وحدّثنى الشريف الامام شمس الدين ابو المجد علىّ بن علىّ بن الناصر للحقّ الحُسينىّ الحَنَفىّ بالموصل فى شهر رمضان سنة خمس وستّين وخمسمائة[4] قال خرج خواجا بُزُرك وفى يده عصا وهو يُنشد هذين البيتين [منسرح]

بعد الثمانين ليس لى قوّةٌ[5] لَهْفى على قوّة الصَبْوَهْ
كأنّنى والعصا بكفّى أَخو[6] موسى ولكن بلا نُبُوّهْ

1. Plus haut, p. 352.
2. A et B زماء.
3. B والهِرَم.
4. Plus haut, p. 352.
5. B قوّةً.
6. J'ai ajouté, pour compléter le premier hémistiche, اخو qui ne se trouve pas dans mes deux manuscrits.

قال وانشدنى ايضا قال انشدنى والدى ابو الحسن علىّ قال انشدنى والدى ابو طالب يحيى قال انشدنى والدى الامير ابو شُجاعٍ وقد علتْ سِنّه وحمل العصا [بسيط]

أَهْدَى لى الدهرُ رِجْلا منه ثالثةً ما كان أَحسنَنى أَمْشِى بِثِنْتَيْنِ
أَمْشِى بها وهْىَ تَمْشِى بى مُعاوَنةً ما كان أَحسنَنى أَمشى بلا عَوْنِ
هَدِيّةٌ كنتُ آباها فصيّرها الىّ بالرّغْمِ منّى قُرّةُ العَيْنِ
بانَ الشّبابُ وجاء الشيبُ يَصْحَبه يا لَيْتَها صُحْبةٌ تَبقى بلا بَيْنِ

قال المؤلّف رحمه الله (A, fol. 119 r°-122 r°; B, fol. 91 r°-94 r°) [كامل]

وَيْحَ السّنينَ ومرّها ما ذا بنا هى فاعلَهْ
جَعَلتْ عصاىَ ولم تكن شُغْلى لكفّى شاغلَهْ
محمولةٌ هى فى المجا زِ وفى الحقيقة حامِلَهْ
والعُمْرُ أَلجأَنى اليها والقُوَى المتخاذلَهْ
والنّفْسُ عمّا سوف تَلْقَى حين تُسلِمُ غافلَهْ
وجميعُ مكروهاتِها فى العِيشة المتطاولَهْ

وقال المؤلّف رحمه الله [سريع]

قَصّرَ خَطْوِى وقَنا صَعْدتى مُزْوَرٌّ دهرٍ خائنٍ خاتِلِ
وصار كَفّى مالِكًا للعصا من بعد حَمْلِ الأَسمرِ الذابلِ

أَمشى بضعف وٱنحناء على	عصاىَ مَشْىَ الصائد الخاتل
كأنّنى لم أَمْشِ يومَ الوَغَى	الى نزال البَطَل الباسل
ولم أَشُقّ الجيشَ لا أَختشى	من الرَّدَى كالقَدَر النازل
فٱنظرْ الى ما فعل العُمْرُ بى	من طوله لم أَحْظَ بالطائل
يا حَسْرتا انّى غدا مَيّتٌ	على فراشى ميتةَ الخامل
هلّا أتانى الموتُ يومَ الوَغَى	بين القنا والأَسَل الناهل

وقال ايضا [كامل]

نظرتْ الى ذى شيبة متهدّمِ	أَفنى وكم[1] أَفنى من الأَعوامِ
يمشى وتَقدمُه[2] العصا وقد ٱنحنى	فكأنّها وَتَرٌ لقوسِ الرامى
ورأتْ سمات الأَرْيحيّة والنَّدَى	ودلائلَ المعروف والاقدامِ
وٱستخبرتْ عنّى فقلتُ لها ٱمرؤٌ	نائى المَواطن من كِرام الشامِ
نَبَت الديارُ بها وضاق فَسيحُها	عنه ففارَقَها بغير مَلامِ
قالت منَ اَىّ الناس أنتَ فقلتُ من	أَولاد مُنْقذَ[3] فى ذُرًى وسَلامِ
من مَعشرٍ أَبَدًا تَروح رماحُهم	بدم العدَى مخضوبةَ الأَعلامِ
تَحمى البلادَ سيوفُهم وتُبيح ما	تَحميه دونَهم سيوفُ الحامى[4]

1. A et B ما, peut-être pour وما; وكم variante dans A et B.

2. B وبقدمه.

3. B منقذ; A sans voyelles.

4. B الحام; A de même, mais sans voyelles.

النازلينَ بكلّ ثغرٍ خائف … والآمنينَ معرّةَ الحُرّام

واذا أتاهم مستجيرٌ خائفٌ … أوّى الى حَرَمٍ من الأحرام

واذا أناخَ السائلون بجوهم … عادوا ثقالَ الظهر بالانعام

كم فيهمُ عند الحقوق اذا عَرَتْ … من باذلٍ متبرّعٍ بسّام

تُغْنى يداه اذا هُما همّتا ندًى … فى المَحْلِ عن صَوْبِ الغمام الهامى[1]

يتهلّلون طلاقةً ويخافهم … لسُطاهمُ الآسادُ فى الآجام

قالت فأينهمُ فقلتُ أبادهم … دهرٌ وهل باقٍ على الأيّام

ووددتُّ لو ناهلتهم كأسَ الرّدى … ووردتُّ قبلهمُ حياضَ حِمام

فحيوةُ مثلى بعد عزٍّ باذخٍ … ومعاشرٍ غُلْبٍ ومالٍ نامِ

ونفادُ امرٍ لا يُرَدُّ مُطيعَهُ[2] … فيما قضى القاضى من الأفوام

لا شكّ من غُصَصِ الحمام وراحتى … بالموت غايةُ مُنيتى ومَرامى

فبكتْ بزَفْرةِ موجَعٍ لو صادفتْ … حَجَرًا لذابَ من الزّفير الحامى[3]

وقال ايضا [كامل]

حمّلتُ ثقلى بعد ما شبتُ العصا … فتحمّلتْه تحمّلَ المُتَكارِه

ومشت به مَشْىَ الحَسير بوِقْره[4] … لا يستقلّ مقيّدًا بعِشاره

1. B الهَام; A de même, mais sans voyelles.

2. B مُطِيعَهُ, avec la conjecture وطاعة.

3. B الحامِ; A de même, mais sans voyelles.

4. B بوَقْرِه.

ما آدَها ثِقَلى ولكن ثِقْلُ ما   أَبْقَى الشَّبابُ من أَوْزارِهِ
ورَجاىَ معقودٌ بمن أَعْطَى اخا الـ   ـسبعين عُهْدَةَ عِتْقِه من نارِهِ

وقال ايضا   [وافر]

عُوِضْتُ من الحياةِ فكلُّ عُمْرى   تَصَرَّمَ بالحوادث والخُطُوبِ
فما ظَفِرَتْ يدى بسرورِ يومٍ   بغير هُمومِ حادثةٍ مَشُوبِ
صِبًى كالسُّكْرِ أَعقبَهُ شَبابٌ   تَقَضَّى بالوقائع والحُرُوبِ
ووافَى بعده شيبٌ بَغيضٌ   فلا سَقْيًا لأيّامِ المَشيبِ
أَرانى طِيبَ لذّاتى ولَهْوى   يُعَدُّ من الجَهالة والعُيوبِ
وأدّانى الى كِبَرٍ[1] وضُعْفٍ   وأَدواءٍ جُفِينَ على الطَّبيبِ
اذا رُمْتُ النَّهوضَ هممتُ أنّى   حملتُ ذُرَى الشَّناخبِ من عَسيبِ
فانْ أنا قمتُ بعد الجَهْدِ أَمْشى   فمَشْيِى حين أَعْجَلُ كالدَّبيبِ
تُسَيِّرُنى العصا هَوْنًا وخلفى   مَسيرُ الموت كالرِّيحِ الهَبُوبِ
وأَفنى الموتُ اخوانى وقومى   وأَتْرابى فها أنا كالغَريبِ
وفيما قد لقيتُ رَدًى وموتٌ   ولكن ليس قلبى كالقُلُوبِ

وقال ايضا   [رجز]

إن ضَعُفَتْ عن حمل ثِقْلى رِجْلِى   وداسَنى[2] عِثارُها فى السهلِ

1. A وادانى الكبر ; B وارالى الكبر
2. A, après avoir copié وراسى sur B, l'a corrigé heureusement en وداسنى.

أَمْشِى كما يَمْشِى الوَجِى[1] فى الوَحْلِ مَشْىَ الأَسير مُوثَقًا بالكَبْلِ
فللعصا عندىَ عُذْرُ المُبْلِى[2] ان عَجَزَتْ او ضَعُفَتْ عن حَمْلِ

وقال ايضا وكتب بها فى كتاب الى ولده الامير عَضُد الدين ابى الفوارس مُرْهَف الى مصر يَطلب منه عصا من آبَنُوس[3] [طويل]

أُريدُ عصا من آبَنُوس تُقِلُّنى فانّ الثمانين استَعادت[4] قُوَى رِجْلى
ولو بعصا مُوسَى اتَّقيتُ آدَها على ما بها من قوّة حملُها ثِقْلى
ولكن تُمَنِّينا الرَّجاءَ بباطل وكم قَدْرَ ما تُرْجى المنايا وكم تُمْلى
اذا بلغ المرءُ الثمانين فالرَّدَى يُناجيه بالتَّرحال من جانب الرَّحْلِ

وقال ايضا[5] [كامل]

لمّا بلغتُ من الحيوة الى مَدًا قد كنتُ أَهْواه تمنّيتُ الرَّدا
لم يُبْقِ طُولُ العُمْر منّى مُنَّةً[6] أَلْقَى بها صرفَ الزمان اذا اعْتَدَا
ضَعُفَتْ قُوَاىَ وخاننى الثِّقَتان من بَصَرى وسَمْعى حين شارفتُ المَدَا
فاذا نهضتُ حَسِبْتُ أنّى حاملٌ جَبَلًا وأَمْشى ان مَشيتُ مُقَيَّدا

1. B الوَجَا ; A de même, mais sans voyelles.
2. B المُبْلِ ; A de même, mais sans voyelles.
3. Plus haut, p. 361, note 4.
4. B اسْتَعَاذَتْ.
5. Ousâma, *Autobiographie*, p. 119; traduction française, plus haut, p. 407-408.
6. A et B مُنْيَةً.

وأَدبُّ فى كفّى العصا وعَهدتُّها فى الحرب تحمل أسمرًا ومهنّدا
وأَبيتُ فى لينِ المِهاد مسهَّدًا قَلقًا كأنّى افترشتُ الجَلْمَدا
والمرء يُنْكَسُ[1] فى الحيوة وبينما بلغ الكمالَ وتمّ عاد كما بَدَا

وقال ايضا [طويل]

أَلوم الرَّدَى كم خُضْتُه متعرِّضا له وهْو عنّى مُعْرِضٌ متجنِّبُ
وكم أَخذتْ منّى السيوفُ مَآخذَ الـ ـحمام ولكنّ القَضاء مغيَّبُ
الى أن تجاوزتُ الثمانين وآنقضتْ بُلَهْنيةُ العَيْش الذى فيه يُرْغَبُ
وأَصبحتُ أَستهدى العصا فتَميلُ بى لضُعْفى عن قصدى كأنّى أَنْكَبُ
فكروهُ ما يَخْشَى النفوسُ من الرَّدَى أَلَذُّ وأَحلَى من حيوتى وأَعذَبُ

وقال ايضا [كامل]

قد كان كفّى مَأْلَفًا لمهنّدٍ تُفْدَى[2] القلوبُ له وتُفْرَى الهامُ

قوله تُفْدَى من الفِداء وهو الحِماء[3]

ولأسْمَر لَدْنِ الكعوب وحازه حيث استَمرَّ الفكْرُ والأَوهامُ
يَتزايَلُ الأَبطالُ عنّى مثلَما نَفَرَتْ من الأَسَد الهَصورِ نعامُ

1. A et D ينكس ; cf. plus haut, p. 405, note 4 ; 408, note 2.

2. A تُفْرَى.

3. A قوله تعدى من العدا وهى الحما ; B قوله تفرى من الفرا وهى الحمّاء.

فرجعتُ أَحملُ بعد سبعين العصا　　فَاْعجَبْ لما يأتي به الأَيّامُ
واذا الحِمامُ أَتَى مُعاجِلَةَ الفَتَى　　فَحَيَاتُهُ لا تَكذبَنَّ حِمامُ

قال مؤيّد الدولة مؤلِّف هذا الكتاب رحمه الله هذا اخِر ما قلتُه وجمعتُه وأَلّفتُه ورصّفتُه في ذكر العصا وبه نجز الكتاب ، بعون الملك الوهّاب ،

B. *Extrait du Diwân d'Ousâma Ibn Mounḳidh, d'après le manuscrit* 2196 *de Gotha.*

Les fragments qui vont suivre m'ont été communiqués dès avril 1882 par l'éminent bibliothécaire de Gotha, M. Wilhelm Pertsch. J'avais alors fait appel à son érudition, qui n'a d'égale que son obligeance, pour mes premières recherches relatives à Ousâma. Il me signala aussitôt la présence sur ses rayons d'un volume sans titre, anthologie anonyme, dont les feuillets 8-10 étaient consacrés à mon émir syrien[1]. Le même pli qui m'apportait le renseignement contenait également les trois feuillets détachés du livre et, si j'ai pu les étudier à mon jour et à mon heure, je le dois à cet acte de généreuse et confiante initiative. Je tiens à remercier publiquement M. Pertsch, si empressé à communiquer dans l'intérêt de la science les richesses dont il est le gardien et que les voyages n'ont pas entamées. C'est malheureusement un témoignage posthume de reconnaissance que j'adresse à mon ami regretté Heinrich Thorbecke, de passage à Paris lorsque ce document me fut communiqué, avec l'aide duquel je l'ai déchiffré et étudié[2].

1. Wilhelm Pertsch, *Die arabischen Handschriften der herzoglichen Bibliothek zu Gotha*, IV, p. 217. Le cinquième volume de ce bel ouvrage, contenant les additions et les tables, vient de paraître (Gotha, 1892). Il mérite les même éloges que les précédents ; voir mes articles dans la *Revue critique* de 1882, I, p. 201-211 ; 221-229.

2. Heinrich Thorbecke est mort à Mannheim le trois janvier 1890, sans avoir donné sa mesure. Car, à l'exemple de notre maître Fleischer, il

منتخَب من شعر أُسامة بن مُنقذ رحمه الله هو[1] اسامة بن مُرشد بن عليّ ابن مقلّد بن نصر بن مُنقذ الكنانيّ الكلبيّ الشيزريّ الملقّب مؤيّد الدولة مجد الدين كان من أكابر بنى مُنقذ أصحاب قلعة شَيْزَر وعلمائهم وشُجعانهم له تصانيف عديدة فى فنون الأدب ذكره العماد الكاتب فى الخَريدة وأثنى عليه وقال[2] سكن دمشق ثم نبتْ به كما تَنبو الدارُ بالكريم ، فانتقل الى مصر وبقى بها مؤمَّرا يشار اليه بالتعظيم ، الى ايّام الصالح ابن رُزّيك[3] ثم عاد الى الشام وسكن دمشق ثم رماه الزمان الى حُصْن كَيْفَا فاقام به حتّى ملك السلطان صلاح الدين دمشق فاستدعاه وهو شيخ قد جاوز الثمانين مولدُه السابع والعشرين من جمادى الاخرة سنة ثمان وثمانين واربع مائة بقلعة شَيْزَر وتوفّى فى ثالث عشرى شهر رمضان سنة اربع وثمانين وخمسمائة بدمشق ودُفن بسفح جبل قاسِيُونَ رحمه الله تعالى وعفا عنه وعنّا وعن جميع المسلمين

بسم الله الرحمن الرحيم

قال أُسامة بن منقذ رحمه الله تعالى من جملة أبيات كتب بها الى ابيه[4] [وافر]

travaillait pour maintenir le niveau de nos études en se dévouant à la tâche commune, en corrigeant d'avance et en redressant sur épreuves les erreurs de ses confrères, avec une insouciance généreuse de lui-même et de sa renommée.

1. Ce qui suit est emprunté à Ibn Khallikân, *Dictionnaire biographique*, p. 92 de l'édition de Slane (I, p. 177 de la traduction anglaise); n° 83 de l'édition Wüstenfeld.

2. ʿImâd ad-Dîn, *Kharîdat al-ḳaṣr*, dans *Nouveaux mélanges orientaux*, p. 122-123.

3. Corriger ainsi *ibid.*, p. 122, l. 20.

4. Voir les références, les variantes et un essai de traduction, plus haut, p. 145.

وما أَشكو تلوُّن اهل وُدّى   ولو أَجدتْ شكيّتُهم شكوتُ
مَلِلْتُ عتابَهم ويَئِستُ منهم   فما أَرجوهُمُ فيمن رجوتُ
اذا أَدمتْ قوارصُهم فؤادى   صبرتُ على أَذاهم وانطويتُ
وجئتُ اليهمُ طَلْقَ المُحَيّا   كأنّى ما سمعت ولا رايتُ
تجنّوْا لى ذنوبا ما جنتْها   يداىَ ولا أَمرتُ ولا نَهَيْتُ
ولا واللّه ما أَضمرتُ غدرا   كما قد أَضمروه ولا نويتُ
ويومُ الحشرِ مَوْعِدُنا وتَبدو   صحيفةُ ما جَنَوْه وما جَنَيْتُ

وقال وكتب بها فى صدر كتاب[1]   [وافر]

شَكَا أَلَمَ الفراق الناسُ قبلى   ورُوِّعَ بالنَّوَى حىٌّ ومَيْتُ
وأمّا مِثْلُ ما ضَمّتْ ضلوعى   فانّى ما سمعت ولا رأيتُ

وقال ايضا[2]   [كامل]

لا تَستعِدْ[3] جَلَدًا على هُجْرانهم   فقُواكَ تَضعف[4] عن صدود دائمِ
واعلمْ بأنّك ان رجعتَ اليهم   طَوْعًا والّا عُدتَ عَوْدةَ راغمِ

1. Traduit plus haut, p. 145.

2. Ibn Khallikân, *Dictionnaire biographique*, p. 92 de l'édition de Slane (I, p. 177 de la traduction anglaise).

3. Les diverses éditions imprimées portent لا تَستعِر qui est possible. J'adopte la leçon du manuscrit لا تستعد et je traduis : « Ne cherche pas de nouveau à témoigner de l'indifférence pour leur rupture » ; ce qui convient parfaitement au contexte.

4. Manuscrit : يضعف.

وقال ايضا [كامل]

نفسى الفداء لظالم متعتّب متباعد بالهَجْر وهو قريبُ
قمرٌ عليه من ذوائبه دُجًى يَهتزّ[1] منه على القضيب كَثيبُ
يَمْشى وقد فَعَلَ الصّبى بقوامه فعلَ الصّبا بالغُصْن وهو رَطيبُ
فى وجهه ماء المَلاحة حائرٌ[2] فقلوبُنا الظَّمْأَى عليه تَلوبُ
لِلَحاظه فى القلب وقعُ سهامه لكنّ تلك تَطيش وهى تُصيبُ
أَشْتاقُه وهو السَّوادُ لناظرى من لى بحُسْن الصبر حين يَغيبُ
أحببتُ فيه اللائمين لانّه يَحلو بسمعى ذكرُه ويَطيبُ
ومنحتُه كلَّ الهوى دون الورى طُرًّا وما لى من هواه نَصيبُ
ومن العجائب فعلُه بى فى الهوى ما يفعل الأعداءُ وهو حَبيبُ
ان جار اذ حكّمتُه فى مُهجتى فالعدلُ فى شَرْع الغَرام غَريبُ
والصَّبُّ يَستحلى مَرارات الهوى فيه ويَعْذُبُ عنده التعذيبُ

وقال ايضا [سريع]

يا ظالمًا يُعْرِض عنّى اذا دعوتُ غَضْبانًا على ظالمى
أظنّه أنتَ والاّ فلم تَخْشَ[3] دُعائى دون ذا العالمِ

1. Manuscrit : يهتز. Je ne note pas tous les passages où j'ai suppléé à l'absence des points diacritiques.

2. Manuscrit : حاىر; peut-être convient-il de lire حائر ou جائز.

3. Manuscrit : فلم تخشى, peut-être à lire فلِمْ تخشى.

يــا ربِّ لا تَسمعْ فيــه وإن   كان دُعاءَ[1] المُغْرَمِ الهــائمِ

وقال ايضا [سريع]

نفسي فَدَتْ بَدْرَ تمــامٍ اذا   عــاتبني بالجِدِّ او بالمُزاحْ
سَدَدتُ بالتقبيل فــاه على   مِسْكٍ ودُرٍّ ورُضابٍ وراحْ

وقال ايضا[2] [طويل]

عَـلِقْتُ هـواكم في بُلَهْنِيَةِ الصِّبَى   فقلتُ اذا وافى المشيبُ تصرَّمــا
فقد زادني شيبي وتسعون حِجَّةً   وستٌّ مضتْ لي صَبْوَةً وتتيُّمــا
بتَذْكارِ وصلٍ كان في غيرِ رِيبَةٍ   يَزِينُ هوانا عِفَّةً وتكـرُّمــا
بنَظْرةِ عــينٍ او بردِّ تحــيّــةٍ   ألذُّ من الماء الزُّلالِ على الظَّمــا
ورَجْعِ حديثٍ في عَفافٍ تخــالُهُ   اذا ما وعاه السمعُ دُرًّا منظَّمــا
فليتَ الليالي أَسعفتني صروفُهــا   ورَدَّتْ زمانا بالسرور تقــدَّمــا

وقال ايضا [بسيط]

يا ربِّ خُذْ بيدي من ظُلْمِ مقتدرٍ   عليَّ قد لَجَّ في صَدِّي وهِجْراني
لَيِّنْ قَســاوتَه لي او فيَسِّرْ لي   صبرا لأَحْظَى بوصلٍ او بسُلْوانِ
او فاطْفِ جَمْرةَ خَدَّيْه وأَنْقَعْ جَفْــنَيْــه اللَّذين أَراقا ماءَ أَجْفــاني

هذا مثل قول ابن المعتزّ [بسيط]

1. Ce mot manque dans le manuscrit.
2. Fragment traduit plus haut, p. 412.

يا ربّ ان لم يكن فى قربه طَمَعٌ وليس لى فَرَحٌ من طول جفوته
فَأَبْرِ السَّقامَ الّذى فى غُنْجِ مُقْلته وٱسْتُرْ محاسن خدّيه بلحيته

وقال ايضا [كامل]

غضبوا وقالوا باح دمعُك بالهوى والذَّنْبُ للهجر الّذى أبكانى
هَبْ أنّنى أُخْفِى بُكائى فما الّذى يُخْفِى ضَناىَ وصدُّهم أضنانى
كيف السبيلُ الى رِضَى متجرِّمٍ يَأْبَى قبولَ العُذْر وهْو الجانى

وقال ايضا [طويل]

أَطاعَ الهوى من بعدهم وعصى الصبرُ فليس له نَهْىٌ عليه ولا أَمْرُ
وعاوَدَه الوجدُ القديمُ فشَفَّه جَوًى ضاقَ عن كتمانه الصدرُ والصبرُ
كانّ النَّوى لم يخترم غيرَ شَمْله ولم يَجْرِ الّا بالّذى ساءه القدرُ
وهل لبنى الدُّنيا سرورٌ وانّما هو العَيْشُ والبُؤْسَى أَوِ الموتُ والقبرُ

C. *Poésie d'Ousâma,*
extraite d'une Anthologie poétique conservée au Musée Britannique.

L'un de mes anciens élèves les plus méritants, M. Paul Ottavi, une force vive enlevée à la science par les devoirs de la vie publique, a bien voulu, sur ma demande, copier naguère au Musée Britannique deux morceaux que le Catalogue indiquait comme émanant d'Ousâma Ibn Mounḳidh. Ils ont été recueillis à la fin du onzième siècle de l'hégire, au dix-septième siècle de notre ère, dans une chrestomathie poétique dont le compilateur se nommait Ismâ'îl, fils de Tâdj ad-Dîn Al-Maḥâsinî, petit-fils de Ḥasan Al-Boûrînî [1]. Ce sont d'abord, au fol. 30 r°, deux vers que j'ai renoncé à reproduire ici, puisqu'ils avaient été publiés précédemment dans les *Nouveaux mélanges orientaux*, p. 125, l. 7-10, et que la copie de Londres ne fournissait pas la moindre variante. Par contre, voici le second passage tel qu'il se trouve au fol. 164 v° [2] :

وممّا نقلتُه من مجموع ظفرتُ به ما مثالُه وممّا نقلتُه من مجموع بخطّ رجل

1. *Catalogus codicum orientalium qui in Museo Britannico asservantur.* Pars secunda, codices arabicos amplectens, p. 302, 304, 308; n° DCXLI (Additamenta 9656) ; voir plus haut, p. 337, note 4.

2. M. le Dr Ch. Rieu, avec son empressement accoutumé, a révisé sur le manuscrit la copie de M. Ottavi et je le remercie très cordialement de m'avoir rendu ce nouveau service.

من بنى العديم[1] ما مثاله انشدنى مُحِبّ الدين ابو عبد الله محمّد بن ابى الفوارس بن[2] ابى علىّ بن الأُمّـان[3] الشيزرىّ بالهول من أَعْمال سِنْجار لمؤيَّد الدولة بن مُنقذ [رمل]

ما يريدُ الشَّوْقُ من قلبٍ مُعَنَّا[4] ذَكَرَ الآلافَ والوَصْلَ فحَنَّا
حَسْبُهُ من شوقه ما عنده وكفاه من هواه ما أَجَنَّا
كلّما شاهَدَ شَمْلًا جامعًا طار وَجْدا وهَفَا شوقًا وأَنَّا
فرَقَى من رحمةٍ عاذلُه ورأى الحاسدُ فيه ما تَمَنَّا
وَيْحَه من حُرَقٍ تَعتادُه وهُمومٍ جَمَّةٍ تَطرق وَهْنَا
يا زمانَ الوصل سُقْيًا لك من زمنٍ لو كان قُرْبُ الدار عَنَّا
قل لأحباب نَأَتْ دارُهُمُ وعلى قُربهمُ أَقْرَعُ سِنَّا
ساءَ ظنّى باصطبارى بعدكم ولقد كنتُ بكم أُحْسِنُ ظَنَّا

1. Les Banoû 'l-'Adîm sont les descendants du célèbre historien Kamâl ad-Dîn Ibn al-'Adîm; cf. F. Wüstenfeld, *Die Geschichtschreiber der Araber*, p. 130, d'après le témoignage du géographe Yâķoût.

2. Manuscrit : ابن.

3. Vocalisé par conjecture d'après l'adjectif; cf. cette même épithète appliquée à l'auteur de la *Bourda*, dans Slane, *Catalogue des manuscrits arabes de la Bibliothèque nationale*, p. 570 *b*.

4. Manuscrit : معنّى ; la rectification a pour cause la double rime dans ce vers, le premier de la poésie.

D. *Deux poésies d'Ousâma,*
d'après l'Encyclopédie de l'islamisme, par Mouslim de Schaizar.

La Bibliothèque académique de Leyde possède l'unique exemplaire connu d'une anthologie poétique, intitulée جمهرة الاسلام ذات النثر والنظام « Encyclopédie de l'islamisme, en prose et en vers ». L'auteur, Amîn ad-Dîn Aboû 'l-Ganâ'im Mouslim ibn Maḥmoûd de Schaizar, avait appris de son père à connaître et à apprécier le talent littéraire d'Ousâma. En effet, celui-ci, Aboû 'th-Thanâ Maḥmoûd ibn Ni'ma ibn Arslân, que 'Imâd ad-Dîn Al-Kâtib rencontra à Damas en 563 de l'hégire (1167-1168 de notre ère) et qui y mourut après 565 (1169-1170 de notre ère) y avait composé dès les premiers mois de 539 (fin de 1144 de notre ère) un poème pour répondre à l'épître en vers, dans laquelle Ousâma, après avoir fui Damas et s'être réfugié à Miṣr, exhalait des plaintes au sujet d'Ibn Aṣ-Ṣoûfî [1]. Mètre et rime ont été empruntés à la poésie d'Ousâma qu'il se propose de réfuter, et son nom est donné en toutes lettres au vers 14, comme celui du personnage auquel est destiné « le message d'un conseiller sincère [2]. » Aboû 'th-Thanâ Maḥmoûd est lui-même

1. L'épître d'Ousâma a été publiée dans les *Nouveaux mélanges orientaux*, p. 145-147, et traduite plus haut, p. 198-202.

2. 'Imâd ad-Dîn, *Kharîdat al-ḳaṣr* (manuscrit 1414 de l'ancien fonds arabe), fol. 117 v°-118 v°. Sur Aboû 'th-Thâna Maḥmoûd, voir encore Ibn Khallikân, *Biographical Dictionary*, I, p. 656; III, p. 117; Hammer, *Literaturgeschichte der Araber*, VII, p. 758, 1011-1012.

représenté dans l'Encyclopédie de son fils par une poésie enthousiaste sur la levée du siège de Schaizar par l'empereur des Grecs en mai 1138[1].

En dehors de l'Encyclopédie, Mouslim avait composé un autre recueil qui semble perdu et qu'il avait intitulé عجائب الأسفار ، وغرائب الأخبار « Merveilles des voyages, et curiosité des récits[2]. » Ce vulgarisateur, homme de goût, avait-il fait quelques emprunts à l'œuvre d'Ousâma pour les mêler à son choix d'anecdotes? On peut le supposer, puisque l'émir de Schaizar avait possédé dans un temps la sympathie et le cœur de son père[3], puisqu'il était son compatriote, puisque deux poésies d'Ousâma ont été insérées dans l'Encyclopédie de l'islamisme[4].

L'importance de cette compilation, dédiée au dernier prince Ayyoûbite du Yémen, Al-Malik Al-Mas'oûd Ṣalâḥ ad-Dîn Yoûsouf ibn Al-Malik Al-Kâmil, n'a échappé à aucun de ceux qui ont eu l'occasion de la manier. Dozy a donné en 1851 la table des matières complète dans la première édition du Catalogue de Leyde[5]. E. Roediger en a fait l'objet d'une communication dans le Journal de la Société asiatique allemande[6]. MM. de Goeje et Houtsma, en refondant le Catalogue des manuscrits arabes de Leyde, n'ont pas abrégé, mais amélioré la notice de leur devancier[7]. Ce volume précieux m'a été confié il y a quelques années et j'ai été vraiment soulagé, lorsque je m'en suis dessaisi, effrayé que j'étais de la responsabilité que j'avais encourue, ne-

1. Mouslim, *Djamharat al-islâm* (manuscrit de Leyde), fol. 54 v°; cf. plus haut, p. 161.
2. Ḥâdjî Khalîfa, *Lexicon bibliographicum*, IV, p. 185, n° 8056.
3. 'Imâd ad-Dîn, *Kharîdat al-ḳaṣr* (manuscrit cité), fol. 118 r°.
4. Mouslim, *Djamharat al-islâm*, fol. 248 v°-249 v°; 255 r°-256 r°.
5. Dozy, *Catalogus*, I, p. 274-281; cf. V, p. 166.
6. *Zeitschrift der deutschen morgenländischen Gesellschaft*, XIV (1860), p. 489-499.
7. J. de Goeje et Th. Houtsma, *Catalogus*, I (1888), p. 287-296.

prenant pas le temps d'y puiser toutes les notices qui auraient pu m'intéresser. J'y ai du moins étudié la part faite à Ousâma dans cette collection de petits chefs-d'œuvre, postérieure certainement à 622 de l'hégire (1225 de notre ère), une poésie de Mouslim composée à cette date y figurant dans le livre neuvième parmi les poèmes en vers radjaz [1]. Il semble qu'Aboû 'l-Ganâ'im Mouslim n'ait pas longtemps survécu à la publication de son anthologie poétique [2].

Le manuscrit est daté de 697 (1297-1298 de notre ère). Il est dû à un copiste instruit, qui a omis nombre de points diacritiques, mais qui, en compensation, n'a pas été avare de voyelles. Si, dans l'appareil critique, j'avais noté toutes mes restitutions, alors que les conjectures ou les corrections s'imposaient ou se justifiaient d'elles-mêmes, j'aurais encouru le reproche d'avoir accumulé en vain une masse inutile de notes parasites. Je n'ai posé les termes du problème que lorsqu'il comportait plusieurs solutions plausibles [3].

L'épître en vers, dans laquelle Ousâma, en 1154, cherche à se disculper auprès de « son cousin, le seigneur de la forteresse de Schaizar », Nâṣir ad-Dîn Tâdj ad-Daula Moḥammad, fils de 'Izz ad-Dîn Soulṭân [4], ne nous a été conservée que par Mouslim et le texte a dû être établi d'après le seul manuscrit qui nous soit parvenu. J'ai été plus heureux pour le second morceau, la transformation par Ousâma en strophes de cinq hémistiches [5]

1. J. de Goeje et Th. Houtsma, *Catalogus*, I (1888), p. 291.

2. Ibn Khallikân, *Biographical Dictionary*, I, p. 656. Sur Mouslim, voir encore Hammer, *Literaturgeschichte der Araber*, VII, p. 483 et 1057.

3. M. G. van Vloten a fait une collation fructueuse des deux textes avec le manuscrit ; je l'en remercie.

4. Plus haut, p. 259; cf. *ibid.*, notes 1 et 2.

5. L'on nomme *takhmîs* (تخميس) l'adaptation d'une poésie en strophes de cinq hémistiches dont les trois premiers sont ajoutés artificiellement et riment avec le premier des deux dont se compose le vers emprunté à l'original, placé à la fin de la strophe; voir Freytag, *Darstellung der arabischen Verskunst*, p. 408-411, et plus haut, p. 512, l. 7-12.

d'une poésie composée par le secrétaire poète Aboû 'l-Ḥasan Mihyâr ibn Marzawaihi Ad-Dailamî[1]. Le dîwân de cet ancien mage est conservé à Gotha et à Munich. M. le conseiller intime W. Pertsch, bibliothécaire de Gotha, m'écrit à la date du huit novembre 1892 qu'il n'y a rien trouvé, ni dans le manuscrit 26, ni dans le manuscrit 2235, 2[2]. J'ai été dédommagé de cette déception par les résultats de l'enquête dont s'est chargé à Munich M. le Dr Aumer. Il y a examiné, sur ma demande, le manuscrit 516, copie moderne du Dîwân de Mihyâr, exécutée en Égypte et provenant du fonds Quatremère[3]. Or les fol. 88 r°-89 r° contiennent le poème original qu'Ousâma avait pris comme thème de ses développements. M. le Dr Aumer a pris la peine de le transcrire pour me mettre en mesure de le collationner. Les variantes que je dois à cette aimable collaboration sont désignées dans mes notes par la lettre A, le manuscrit de Leyde étant représenté par la lettre L.

(L, fol. 248 v°) الباب السابع فى الاعتذار أُسامةُ بن مُرشِد مؤيّد الدولة

يَعتذر الى ابن عمّه صاحب قلعة شَيْزَرَ عن قول بلغ عنه [بسيط]

أَطاعَ ما قاله الواشى وما هَرَفَا   فعاد يُنكر منّا كُلَّما عَرَفَا

وصَدَّ حتّى استَمَرَّ الصدُّ منه فلو   أَلَمَّ بى منه طَيْفٌ فى الكَرَى صَدَفَا

1. Il a été parlé plus haut de Mihyâr; cf. p. 338, note 1; p. 513, note 3. On peut en outre consulter à son sujet Aboû 'l-Ḥasan ʿAlî Al-Bâkharzî, *Doumyat al-ḳaṣr* (manuscrit 1410 du Supplément arabe), fol. 60 r°-61 v°; Ibn Al-Athîr, *Chronicon*, IX, p. 152, 158, 215, 231, 265, 310; Aboû 'l-Fidâ, *Annales moslemici*, III, p. 91; Hartwig Derenbourg, *Les manuscrits arabes de l'Escurial*, I, p. 309 et 352.

2. W. Pertsch, *Die arabischen Handschriften der herzoglichen Bibliothek zu Gotha*, I, p. 57; IV, p. 250.

3. J. Aumer, *Die arabischen Handschriften der k. Hof- und Staatsbibliothek in Muenchen*, p. 214.

عنّى وعندى له العُتبَى فوا عجبًا   من مُعتَبٍ ما جنى ذَنْبا وما آقترفا
ملّكته طائعًا قلبا تعسّفه   وقلّ ما يملك الأحرار من عسفا
لى منه ما ساءنى من هَجْره وله   منّى الرّضَى بقضاياه وان جنفا
أَلقاهُ بعد التّصافى مُعرِضا حَنِقا   وبعد اقباله بالوُدّ منحرِفا
يا هاجِرِينَ ألا جرمٌ سِوَى مَلَك   دعا فهَبّوا الى داعيه اذ هتفا
ما لى أرَى بيننا والدارُ جامعةٌ   قريبةٌ من تجنّيكم نوًى قُذُفا
لا تَعجلوا بفراقٍ سوف يُدرِكنا   كَفَى بنا فرقةً ريبُ المَنُون كفا
صِلُوا فُؤادا اذا سكّنتُ رَوْعَتَه   هفَا ودمعا اذا نَهْنَهتُه وكفا
لكم هواىَ وان جُرتُمْ وجَوْركُمُ   مستحسَنٌ منكمُ لو لم يكن سرفا
كذاك حظّى من الأحباب مُذ سكنتْ   نفسى اليه جنانى الهَجْرَ والشّنفا
حتّى لقد عبّر[1] الحدّ العثورُ فلا   لَعًا له ما حدا ما كان مُطّرِفا
وآبتزّنى رأىُ عِزّ الدين[2] مستلَبًا   من بعد ما عمّنى احسانُه وضفا
أضافنى عَتْبُه همّا شجيتُ به   أبادَ عن ناظرى طيبَ الكرى ونفا
أتتْه عنّى أحاديثٌ مزخرفةٌ   ما ان بها عنه وهو الألمعىّ خفا
لكنّه صادفتْ من قلبه مَللا   لم يَستبِنْ صحّةَ الدّعْوى ولا كشفا
وما الرِّضَى ببعيدٍ من خلائقه   وهى السّلافةُ راقتْ رقّةً وصفا

1. Peut-être عيّر (L عبر).

2. 'Izz ad-Dîn Aboû 'l-'Asâkir Soulṭân, l'ancien émir de Schaizar, l'oncle d'Ousâma et le père de l'émir Nâṣir ad-Dîn Moḥammad, auquel cette épître est adressée, voir p. 259, note 1; p. 277, 553.

هو الجواد الذى يلقاه مادحه — وان غلا فوق ما أثنى وما وصفا
معدّل فى الندى لكنّ راحته — تأبى مع العدل الا البذل والسرفا
صعب الاباء اذا ما هجت سورته — نزر الرضى فاذا استعطفته عطفا
بادى الحقود على أعدائه فاذا — نالتهم قدرة منه حبا وعفا
تعشى موارد من أخلاقه كرمت — وردا وترتاد منها روضة أنفا
مشتهر بالمعالى لا يزال على — تقلّب الدهر مشعوفا بها كلفا
ان أخلف الغيث لم يخلف مواهبه — او فظّ دهر على أربابه لطفا
عدل القضيّة الا فى مواهبه — لم يقض فى المال الا جار واعتسفا
منزّه الخلق[1] عن فعل يعاب به — فما ترى لكمال عنه منصرفا
تعمّ نعماه ذا نقص وذا شرف — كأنّه البحر يحوى الدرّ والصدفا
يا من حوى قصبات السبق أجمعها — فما ترى اثنان فى تفضيله اختلفا
أنفقت مذهب عمرى فى رضاك وما — رأيت منفق[2] عمرا واجدا خلفا
لكنّنى اعتضت منه حسن رأيك لى — فنلت منه العلى والعزّ والشرفا
حتّى اذا أنا ماثلت النجوم علًى — وقلت قد نلت من أيّامى الزلفا
أريتنى بعد بشر هجرة وقلًى — وبعد برّ ولطف قسوة وجفا
قعدتّ صفر يد ممّا ظفرت به — كأنّ ما نلته من كفّى اختطفا
هبنى أتيت بجهل ما قذفت به — فأين حلمك والفضل الذى عرفا

1. L الخلف.

2. منفق pour منفقا, par suite d'une licence poétique; cf. Sacy, *Grammaire arabe* (2e éd.), II, p. 500.

ولا ومَن يَعلمُ الأَسرارَ حلْفةَ مَن   يَبَرُّ فيما أَتَى ان قالَ او حَلَفَا

ما حَدّثتْنى نفسى عند خَلْوَتِها   بمـا تعنّفُنى فيه اذا انكَشَفَا

لكنّها شَقْوَةٌ حانتْ وأَقْضيـةٌ   حَبَتْنىَ الهمَّ مُذ عامين والأَسَفَا

تَداوَلَتْنى أُمـورٌ غـيرُ واحدة   لو حُمّلَ الطَّودُ أَدْنَى ثقلها نُسِفَا

وأَقصدَتْنى سهامُ الحاسدينَ على   فَوْزى بقُرْبك حتّى قرطَسوا الهَدَفَا

وبعد ما نالنى أن جُدتَ لى برِضًى   فقد غفرتُ لدهرى كلّما سَلَفَا

وذاك ظَنّى فان يَصْدُقْ فَأَنْتَ لما   رجوتُ أَهلٌ وان يُخْفِقْ فوا أَسَفَا

حاشاكَ تَغدو ظنونى فيك مُخْفِقةً   او يَنْثَنِى أَمَلى باليـأْس مُنْصَرِفَا

وجُنّتى من زمانى حُسْنُ رأيك لى   أَكْرِمْ بها جُنّةً لا البِيضَ والزَّغَفَا

أَلِفْتُ منك حُنُوًّا مُنْذُ كنتُ وقد   فَقَدْتُه وشديدٌ فَقْدُ مـا أُلِفَا

وغيرُ مستنكَرٍ منك الحُنُوُّ على   مِثْلى ولو زاغ يوما ضَلّةً وهَفَا

فعُدْ لأَحْسَنِ ما عَوّدتَ من حسنٍ   يا مَن اذا جاد وَفَّى او أَذَمَّ وَفَا

وآسْلَمْ لنـا ثالثًا للنيّرين علًى   وآزْدَدْ اذا نَقَصا وآشْرُقْ اذا انكَسَفَا

أَيّامُنـا بك أَعيـادٌ بأَجمعها   فدُمْ لنا ما دَجَا ليلٌ وما عَكَفَا

الباب الثالث من المخمّس (A, fol. 88 r°; L, fol. 255 r°)

قصيدةٌ لمهيار خمّسها مؤيّد الدولة بن منقذ [طويل]

أسابقها للبين وهى عجولُ تأنّ فما هذا المسيرُ قفولُ
وقُلْ لى فانّ المستهام سؤولُ
لمن طالعاتٌ فى السّراب أُفولُ يقوّمها الحادون وهى تميلُ

تجانفن[1] عن وعث الطريق وسهله وأعرضن عن خصب[2] المراد ومحله
فهن على جور الغرام وعدله
نواصلُ[3] من جوّ خوائض مثله صعودٌ على حكم الطريق نزولُ

اذا أجفلت فى البيد جفّل نعامها كأنّ أفاعى الرمل ثنى زمامها
ثنت ليتها نحو الصّبا بابتسامها
هواها وراها[4] والسّرى عن أمامها فهن صحيحات النواظر حولُ

1. Lecture douteuse; L تحانفن
2. L حضب.
3. L, d'après ma copie, lit فواصل.
4. Pour وراءها, à cause du mètre; cf. Sacy, *Grammaire arabe* (2e éd.), II, p. 493. A وراء qui est aussi possible, mais qui s'oppose moins bien à عن أمامها.

بها مثل ما بالظاعنين كآبةٌ[1] وصبرُها بعد الفراق خلابةٌ
وللشوق منها اذ دعاها اجابةٌ
تَضاغَى وفى فَرْط التَّضاغى صَبابَةٌ وتَرْغو وفى طول الرُّغاء غَليلُ

أَهِلَّةُ بِيدٍ والأَهِلَّةُ فوقَها اذا لَمَحَتْ أَجْبالَ سَلْمَى ورَوْقَها
كفى شَوْقَها نساء الحُداة وسَوْقَها
تُرادُ على نَجْدٍ ويَجْذِبُ شَوْقَها مَظَلٌّ بِعراقِ الثَّرَى ومَقيلُ

أَلا قلَّما تَصْفُو مع البين عيشةٌ وفى الشَّوْق للنائى هُمومٌ مُطيشةٌ
ولو انّ أَوْطانَ المُفارِق بيشةٌ
وما جَهِلَتْ أنّ العِراقَ[2] مَعيشةٌ ورَوْضٌ تُرَبِّيه صَبًى وقَبُولُ

وفى الرَّكْبِ مسلوبُ العَزاء عَميدُهُ يَزيدُ اذا هبَّ النسيمُ وُقودُهُ
وما كلُّ أَسبابِ الغَرام تَقودُهُ

1. Cette quatrième strophe soulève à la rime une difficulté qui se présente de nouveau à la sixième, à la neuvième et à la dix-neuvième. Dans ces quatre strophes, le premier hémistiche se termine par un *hâ marboûta* surmonté d'une voyelle avec *tanwîn*. Dans la poésie de Mihyâr, le maintien de la consonne vocalisée ne faisait pas question, le *tanwîn* du premier hémistiche n'étant supprimé que dans le premier vers à double rime d'une *ḳaṣîda*. La situation n'est pas identique dans un genre où la rime du premier hémistiche est quatre fois répétée : elle devient, je pense, assujettie aux règles de la rime, d'après lesquelles le *tanwîn* est rejeté, la voyelle brève finale devenant longue par position. C'est à ce principe que je me suis conformé, sans oser prétendre que je ne me sois pas trompé.

2. A الحجاز.

ولكنّ سِحْرًا بابليًّا عُقودُهُ   لتَخْتَلَّ[1] أَلْبابٌ به وعُقُولُ

وقد حَمَلَتْ لَدْنَ القَوامِ رَشيقَهُ   حَلَى المِسْكُ فاهُ والمُدامةُ رِيقَهُ
فأَضْحَى نُهًى نائِي المَحَلِّ سَحيقَهُ
تُجانِبُ إنْ ضَلَّ الحَمامُ طريقَهُ   الى أَنْفُسِ العُشّاقِ وهْيَ دَليلُ

وانّي لَأَشكو من فِراقِكَ[2] هَزَّةً   ورَوْعةَ شوقٍ فى الحَشَا مستقرّةً
وقد وَقَرَتْ فى القلب عيسُكِ حَزَّةً
حَمَلْنَ وجوهًا فى الخُدُور أَعِزَّةً   وكُلُّ عزيزٍ يومَ دَجْنٍ ذَليلُ

كتمتُ هَوَى ظَمْياءَ[3] كِتْمانَ مُعْلِنٍ   ونَهْنَهْتُ دمعًا عاصيًا غيرَ مُذْعِنِ
وقد قالت الأَظْعانُ للسَّلْوة اظْعُنِي
يَسِمْنَ العقولَ كالسُّيورِ[4] بأَعْيُنٍ   قَواتِلَ لا يُودَى لهنَّ قَتيلُ

مُحِبٌّ اذاما الليلُ غارت نُجومُهُ   تَأَوَّبَهُ بثُّ الهَوَى وهُمومُهُ
وفى الخِدْرِ بَدْرٌ آفِلٌ لا يَريمُهُ
وفيهنّ حاجاتٌ ودَيْنٌ غَرِيمُهُ[5]   مَلِيٌّ ولكنّ المَلِيَّ مَطُولُ

1. A تحلل ; L لجنل.
2. L فراقكَ.
3. L ici et dans les autres passages : طميا ; A plus bas ظمياه.
4. A فى الستور.
5. Cet hémistiche est donné par L comme le troisième de la strophe, le précédent y étant le quatrième. J'ai interverti d'après A. A et L عزيمه.

لُبانةُ نفسٍ مستمِرٌّ عَنـاؤُهـا   عَياءٌ على مرِّ الليالى دَواؤُهَا
قضى حبُّها أن لا يُصابَ شفاؤُهَا
يَخِفُّ على اهلِ القِبابِ قَضاؤُهَا   لنـا وهْى مَنٌّ فى الرقابِ ثَقيلُ

وقفتُ على رَبْعٍ لِظَمْياءَ أَقفَرا   سقتْه دموعى ما أَراضَ ونَوَّرَا
وقلتُ لِخِدْنَىَّ الخَلِيَّيْنِ أَعْـذُرَا
أَبَى الرَّكْبُ بالبيضاءِ الاّ تذكُّرَا   وقد تُعْرَفُ[1] الآثارُ وهْى مُحُولُ

سألتُ آبْتِلَاآتِ[2] الحِمَى فتمَايَلَتْ   كَمُوحَدةٍ من جيرةٍ قد تَزَايَلَتْ
ففاضتْ دُموعٌ كالغُروبِ تَسَايَلَتْ
ولمّا وقفْـنا بالديار تَشاكَلَتْ[3]   جسومٌ بَراهـنّ البِلَى وطُلُولُ

دعانى الهوى واستوقفتْنا المَعارِفُ   وأَدْمَى الحَشَا والشوقُ للكَلِمِ قارِفُ
حَمائمُ وَرْقٍ فى الغُصونِ هَواتِفُ
فبـالٌ بداءٍ[4] بين جَنْبَيْه عارِفُ   وبالٍ بمـا جَرَّ الفِراقُ جَهولُ

نَعَمْ هذه الأَطلالُ قُفْرٌ فَأَرْبِعِى   وحدّثِّيها عَهْدَ المَشُوقِ المودِّعِ
سأَسْقِى ثَراها الرِّىَّ من سُحْبِ أَدْمُعِى

1. A تصرف.
2. L ابتلات.
3. A تشابهت.
4. L فناك لداء.

وأَسْأَلُ[1] عن ظَمْياءَ صمّاءَ[2] لا تَعِي فأَرْضَى[3] بما قالت وليسَ تَقُولُ

تُصدِّق ظَمْياءُ العَذولَ اذا ٱفترَى وأُكْذِبُ سمعى فى هواها وما أَرَى
وأَقْنَعُ منها بالخَيال اذا سَرَى
ويُعْجِبُنى منها بزُخْرُفها الكَرَى[4] دُنُوٌّ الى طول البِعاد يؤُولُ

مَلِلْتِ فما تَدنى اليكِ شَفاعَةُ وعندكِ للواشينَ سَمْعٌ وطاعةٌ
وحِفْظُ عهودِ الغادرينَ اضاعةُ
وما[5] أنتِ يا ظَمْياءُ الّا يَراعَةُ تَمِيلُ معَ الأَرواح حيث تَمِيلُ

لَأَنْتِ لنفسى داؤُها ودَواؤُهَا وراحتُها لو نِلْتُها وشفاؤُهَا
اذا بِنْتِ بانتْ ارضُها وسماؤُها
وان كان سُؤْلاً للنفوس بَلاؤُهَا فانّكِ للبَلْوَى وانّكِ سُؤْلِى[6]

1. A ونسال.
2. A عمياء.
3. A فرصا.
4. A وتجبنا منها بزخرفة الكرى.
5. A وهل انت.
6. Ce vers est encore suivi de six autres dans A.

E. *Biographie de Soulṭân, oncle d'Ousâma, par Ibn 'Asâkir.*

Thiḳat ad-Dîn Aboû 'l-Ḳâsim 'Alî ibn Al-Ḥasan ibn Hibat Allâh Ibn 'Asâkir composa un dictionnaire des Damascéniens illustres. Né à Damas le premier mouḥarram 499 (treize septembre 1105), il y mourut le onze radjab 571[1] (vingt-cinq janvier 1176). Le titre de son volumineux ouvrage, تاريخ دمشق « Chronique de Damas »[2], pourrait tromper sur le contenu qui est exclusivement biographique. J'ai signalé le point de vue théologique qui, chez ce *ḥâfiṭh* schâfi'ite, a prévalu dans le choix des articles[3]. Ce n'est point pourtant dans cet ordre d'idées qu'a été conçue la notice sur Soulṭân, empruntée par moi au manuscrit Additamenta 23352, aujourd'hui MCCLXXX du Musée Britannique[4], fol. 52 r° et v°. J'ai plus d'une fois restitué les points diacritiques omis, sans signaler ces corrections nécessaires.

1. Yâḳoût, *Mou'djam*, passages très nombreux, énumérés dans l'*Index*, VI, p. 564-565; Ibn Khallikân, *Biographical Dictionary*, II, p. 252-255; Aboû 'l-Fidâ, *Annales moslemici*, IV, p. 28-29; Adh-Dhahabi, *Liber classium*, III, p. 43-44; Hammer, *Literaturgeschichte der Araber*, VII, p. 691-693; 1299; Wüstenfeld, *Die Geschichtschreiber der Araber*, p. 92-93.

2. Ḥâdjî Khalîfa, *Lexicon bibliographicum*, II, p. 120, n° 2218. Cette antinomie a été remarquée par W. Pertsch, *Die arabischen Handschriften der herzoglichen Bibliothek zu Gotha*, III, p. 356.

3. Plus haut, p. 379, note 2.

4. Rieu, *Catalogus*, p. 592 *b*.

سُلْطان بن علىّ بن مقلَّد بن نصر بن منقذ.... بن كنانة.... بن قُضاعة ابو العساكر الكنانىّ وُلد بأَطْرابُلُس سنة اربع وستّين واربعمائة وسمع من الفقيه ابى السَّمْح ابرهيم الحَنفىّ صحيحَ البُخارىّ بشيزر وولى امْرتَها بعد اخيه نصر ابن علىّ وله شعر انشدنا ابنُه ابو الفضل اسمعيل قال انشدنا والدى لنفسه يُوصينا [كامل]

أَبَنِيَّ لستُ بعالمٍ ما أَصْنَعُ بكُمُ أَأَجْمعُ شَمْلَكم ام أُصْدَعُ
ما قَطَّعَ الأَرْحامَ جاهلُكم بما أَبداه بل كَبِدى بذاك تُقَطَّعُ
أَصبحتُ أَعْمَى بل أَصَمَّ تكلُّمًا أَمسيتُ أَنظرُ[1] منكمُ او أَسمعُ
واذا يَئستُ[2] من الصَّلاح لفعلكم أَمَّلتُ أَصاكمُ الزَّكِيَّ فَأَطْمَعُ
وأَقول جَدُّكمُ أَجَلُّ التُّرْك من سَلْجُوقَ تاجُ الدولة[3] المتورّعُ
أَضحى لأمرِ الله متَّبِعًا وان أَضحى له كلُّ الخلائق يَتْبَعُ
وأَبوكمُ من ليس يُنكِر أَنّه الـــنَّدْبُ الكَمِىُّ الأَلْمَعِىُّ الأَرْوَعُ
دارَ[4] الجيوشَ برأيه وبسيفه عن شَيْزَرٍ فتفرَّقوا وتصدَّعوا

1. Manuscrit : امست انظر.
2. Manuscrit : ياست.
3. D'après ce passage, Tâdj ad-Daula Toutousch, fils d'Alp Arslân et frère du sultan Seldjoûkide d'Ispahan Malik Schâh, aurait non seulement entretenu des relations cordiales avec Sadîd al-Moulk 'Alî, émir de Schaizar (plus haut, p. 20, 22, 25), mais lui aurait encore donné une de ses filles en mariage. Une autre princesse, parmi les filles de Tâdj ad-Daula Toutousch, avait épousé Soulṭân et lui avait donné des enfants; voir plus haut, p. 42-43.
4. Manuscrit : داد. Allusion aux événements de 1133; voir plus haut, p. 155-164.

قد رَدَّ عنها الرومَ والافرنجَ والـــأَتراكَ والأَعرابَ حين تَجَمَّعوا

أُوصِيكم بتُقَى الّذى أَعطاكُمْ مُلْكًا تَذِلُّ له الملوكُ وتَخْضَعُ

وبحفظ بعضكم لبعض ما غَدَا نَجْمٌ يَغورُ بأُفْقِه او يَطْلَعُ

لا يَشْمَتوا بكمُ الوُشاةُ وحاذِروا أَقوالَهم فهى السِهامُ المُنْقَعُ

ورد الخبر أنّ الامير ابا العساكر بن منقذ توفّى يوم السبت للنصف من شوّال سنة ثلاث واربعين وخمسمائة

F. *Deux poèmes d'Ibn Al-Ḳaisarânî sur Ousâma, d'après la Kharîdat al-ḳaṣr de 'Imâd ad-Dîn Al-Kâtib.*

'Imâd ad-Dîn nous a conservé les commencements de deux poèmes consacrés par le lettré (*al-adîb*) Aboû 'Abd Allâh Moḥammad ibn Naṣr Ibn Al-Ḳaisarânî Al-'Akkâwî à l'émir Mou'ayyad ad-Daula Ibn Mounḳidh, c'est-à-dire à Ousâma. J'ai parlé plus haut (p. 62-64) de ces deux morceaux et de leur auteur, un contemporain d'Ousâma qui dut le fréquenter pendant son premier séjour à Damas (1138-1144). Mon texte s'appuie sur les feuillets 21 v°-22 r° du manuscrit unique, conservé à la Bibliothèque nationale de Paris, sous le numéro 1414 de l'ancien fonds arabe [1], aujourd'hui coté 3329, parmi les sept volumes qu'elle possède de cette précieuse anthologie, réunis sous les cotes 3326-3332 [2].

وله من قصيدة فى الامير مؤيّد الدولة بن منقذ [سريع]

أَين مَضاء الصارم الباترِ من لَحَظاتِ الفاتنِ الفاترِ
وأَين ما يُؤثَرُ عن بابلٍ من فِعْلِ هذا الناظر الساحرِ

1. Sur ce manuscrit, voir mon *Ousâma poète* dans les *Nouveaux mélanges orientaux*, p. 119-120.
2. Slane, *Catalogue des manuscrits arabes*, p. 582-583.

ظَبيٌ اذا لَوَّحَ منه الهوى   بواصلٍ صرَّح عن هاجرِ
يوهمُنى فى قوله باطنا   والحُكْمُ محمول على الظاهرِ
نام وأَغرى[1] الوجدَ بى فٱنظروا   ما أَولعَ النائمُ بالساهرِ
ثم اغتَدى يَقنصنى نافرًا   يا عَجَبًا للقانص النافرِ
عاتبتُه فى عَبْرتى زاجرا   خوفًا على الأسرار من زاجرِ
فاعتَذرتْ عينى الى عينه   مَعْذرةَ الوافى الى الغادرِ
أَضْنَى الهوى قلبى ليَطْوِى به   مَسافةُ البين على ضامرِ
وطار فٱنقضَّ عليه الجَوَى   بكاسرِ الجفنِ على كاشرِ[2]
وقَهْوةٍ تَحسبُ كاساتِها   كواكبًا فى فَلَكٍ دائرِ
رَعَتْ بها ليلَ النَّوى فٱنجَلَى   عن شمسِ هذا الزمن الناضرِ
وأَبعدَ الأَخطارَ تقريبُها   مؤيّدُ الدولة من خاطرِى

...وله ايضا من قصيدة فى مؤيَّد الدولة [خفيف]

كيف قلتم ما عند عينيه ثارُ   وبخدَّيْه من دمى اثارُ
لو شهدتم اعراضَه وخضوعى   لم يكن فى قضيّتى انكارُ
يا لقَومى وكَيف تُنكِر قَتْلى   لَحَظاتٌ جُحودُها اقْرارُ
ان تَطلّبتمُ من الطَّرْف والوجنةِ عُذْرى ففيهما أَعذارُ

1. Manuscrit : واعرى.
2. Manuscrit : على كاسرِ.

او سألتم اىّ البديعين أذكى   جلّ نارى ام ذلك الجلّنار
ما أرانى ليلى بغير نهار   غير ليلٍ يلوح فيه نهار
زاد اشراقُ وجهه بين صُدْغَيْه   وفى الليل تُشرق الأقمار
لا تسلنى عن الهوى فهو فى الأجفان   ماءٌ وفى الجوانح نار
ويظنّ العذولُ انّ مشيبى   ضاحكٌ عنه لمّةٌ وعذار
لم أشِبْ غيرَ أنّ نار فؤادى   ألهبت فاعتلى الدّخانَ شرار

G. *Extraits du Dictionnaire des hommes illustres d'Alep, par Kamâl ad-Dîn Ibn Al-'Adîm.*

Les collections européennes ne renferment que deux volumes détachés, provenant de deux exemplaires de cet ouvrage intitulé بغية الطلب ، فى تأريخ حلب « Le désir de la recherche sur l'histoire d'Alep. » Le volume que possède la Bibliothèque nationale de Paris paraît être le deuxième, peut-être le troisième de l'ouvrage; il comprend une partie des noms commençant par la lettre *alif*. Après avoir occupé le numéro 728 de l'ancien fonds arabe, il a reçu la cote 2138 dans le nouveau classement. Des extraits de ce manuscrit ont été publiés et traduits en français par M. Barbier de Meynard dans les *Historiens orientaux des croisades*, III, p. 691-732.

Le Catalogue du Musée Britannique m'a fait connaître la présence à Londres d'un manuscrit consacré à divers compléments. L'auteur, après avoir épuisé l'alphabet, a réuni sous diverses

1. Je rectifie le titre donné par Slane, *Catalogue des manuscrits arabes*, p. 311 et 379 (de même, Pertsch, *Die arabischen Handschriften*, III, p. 313) d'après Slane lui-même, *Introduction* aux *Hist. or. des croisades*, I, p. LVI, et Barbier de Meynard, *ibid.*, III, p. 691; cf. Ḥâdjî Khalifa, *Lexicon bibliographicum*, II, p. 59, n° 1877; p. 125, n° 2205. C'est par erreur que l'on a cru à un autre volume du même ouvrage qui serait représenté par le manuscrit 729 de l'ancien fonds arabe; voir Rieu, *Catalogus*, p. 593, note *c*; Wüstenfeld, *Die Geschichtschreiber der Araber*, p. 130. Sur le contenu réel de ce manuscrit 729, aujourd'hui 2143, voir Slane, *Catalogue*, p. 380.

rubriques les personnages qui ne sont pas cités d'après leurs noms propres, mais d'après d'autres dénominations de genres divers. C'est le manuscrit arabe MDDXC, porté à l'inventaire comme Additamenta 23354[1]. Il a été successivement étudié dans l'intérêt de ce travail par M. Paul Casanova et par moi. Les articles sont plus courts que dans le volume de Paris. L'auteur touche à la fin de son labeur et laisse sentir sa hâte d'en finir.

Aboû 'l-Ḳâsim 'Omar ibn Aḥmad ibn Hibat Allâh... ibn Abî Djarâda Kamâl ad-Dîn Ibn Al-'Adîm Al-'Ouḳailî Al-Ḥalabî Al-Ḥanafî, d'une famille où la fonction de ḳâḍî d'Alep était héréditaire, naquit dans cette ville à la fin de 586 de l'hégire (commencement de 1191 de notre ère) et, après une vie agitée, mourut au Caire le vingt-neuf de djoumâdâ premier 660 (vingt-un avril 1262). Sur lui, voir Aboû 'l-Fidâ, *Annales moslemici*, IV, p. 634-637 ; Ibn Schâkir Al-Koutoubî, *Fawât al-wafayât*, II, p. 101-102 ; Silvestre de Sacy, dans Michaud, *Biographie universelle* (2e éd.), XXI, p. 508 ; Freytag, *Selecta ex historia Halebi*, p. XXXIII-XLIV ; F. Wüstenfeld, *Die Geschichtschreiber der Araber*, p. 130-131.

اسمعيل بن ابرهيم (Manuscrit 728 de l'ancien fonds arabe, fol. 38 v°[2])

ابن احمد الشيبانىّ ابو الفضل القاضى الحنفىّ المعروف بابن الموصلىّ... تولّى القضاء نيابةً يحكم على مذهب ابى حنيفة رضى الله عنه بدمشق الى ان مات... وكان فقيها فاضلا حنفىّ المذهب مشكور السيرة... وروى عن ابى المظفّر أسامة ابن مرشد بن منقذ... وكان مولده ببصرى فى اربع عشر ربيع الاخر سنة

1. Rieu, *Catalogus*, p. 593.
2. Plus haut, p. 329 et 278.

اربع واربعين وخمسمائة وتوفّى رحمه الله بدمشق يوم الاربعاء تاسع جمادى الاولى سنة تسع وعشرين وستّمائة

(*Ibid.*, fol. 41 r°) اسمعيل بن ابرهيم بن ابى علىّ حدّث بجُزْء ابرهيم بن هُدْبة عن مؤيّد الدولة أسامة بن مرشد بن علىّ بن منقذ وتوفّى فى حدود الستّمائة

(*Ibid.*, fol. 52 r°-53 r° [1]) اسمعيل بن سُلْطان بن علىّ بن مقلّد بن نصر ابن منقذ ابو الفضل بن ابى العساكر بن ابى الحسن ن ابى المتوّج الملقّب شرف الدولة الكنانىّ الشيزرىّ وقد سبق تمامُ نسبه فى ترجمة أسامة بن مرشد بن علىّ اميرٌ شاعر فاضل من اهل شيزر وُلد ونشأ بها وكان ابوه سلطان اميرها بعد ابيه علىّ [2] ثم وليها تاج الدولة اخوه [3] واخوه اسمعيل مقيم بها تحت كنفه الى [أن] أخربتْها الزلزلة ومات اخوه وجماعة من اهله تحت الردم وتوجّه نور الدين محمود بن زنكى بن اق سنقر الى شيزر فتسلّمها وكان اسمعيل غائبا عنها فانتقل عند ذلك الى دمشق واستوطنها الى ان مات بها روى عنه شيئا من شعره الحافظ ابو القاسم بن عساكر [4] ولم يُفرِد له ترجمةً فى تأريخ دمشق وروى عنه مُرهَف بن الصنديد الشيزرىّ [5] وابو الفتح عثمان بن عيسى بن منصور

1. Plus haut, p. 134, note 4; 277, note 3; 418; 564.
2. Kamâl ad-Dîn omet Naṣr, frère aîné de Soulṭân, émir de Schaizar avant lui; voir plus haut, p. 27-32.
3. Nâṣir ad-Dîn Tâdj ad-Daula Moḥammad, fils de Soulṭân et frère d'Ismâ'il; cf. plus haut, p. 258, 259, 277, 553, 554.
4. Voir plus haut, p. 563-565.
5. C'est Ousâma qui est ici désigné comme *aṣ-ṣindîd* (manuscrit الصنديد) de Schaizar, c'est-à-dire « le héros de Schaizar ». Nulle part ailleurs

البَاَطِىّ النحوىّ[1] انشدنى ابو عبد الله محمّد بن ابى الفوارس بن ابى علىّ بن الأمّان الشيزرىّ املاءً من لفظه بالهول من بلد سنجار[2] قال انشدنى القاضى وجيه الدين مُرهَف الشيزرىّ قال انشدنى شرف الدولة يعنى ابا الفضل اسمعيل ابن ابى العساكر بن علىّ بن مقلّد لنفسه وكانت الزلزلة قد خربت شيزر فى سنة اثنتين وخمسين وخمسمائة وسقطت القلعة على اخيه واولاده وزوجته الخاتون اخت شمس الملوك يعنى بنت بورى بن طغتكين[3] فسلمت المرأة وحدها دونهم ونُبشت من الردم وخلصت وجاء نور الدين محمود الى شيزر وطلب من امرأته ان تُعلمه بالمال وهدّدها فذكرت انّ الردم سقط عليها وعليهم ونُبشت هى دونهم ولا تعلم بشىء وان كان لهم شىء فهو تحت الردم وكان شرف الدولة غائبا فحضر بعد الزلزلة وعاين ما فعلتْ بشيزر واخيه وشاهد امرأة اخيه بعد العزّ فى ذلك الذلّ فعمل [كامل]

ليس الصباحُ من المساء بأَمثلِ فأقولُ لليلِ الطويلِ ألا انجلِ[4]

nous n'avons rencontré cette désignation pour Ousâma. L'émir Mourhaf, fils d'Ousâma, le Mounḳidhite est allégué par 'Imâd ad-Dîn (*Kharîdat al-ḳaṣr*, fol. 115 v°) comme lui ayant récité deux vers d'Ismâ'îl.

1. Né à Mauṣil à la fin de ramaḍân 524 (quatre septembre 1130), Aboû 'l-Fatḥ 'Othmân mourut à Miṣr en ṣafar 599 (octobre 1202); cf. 'Imâd ad-Dîn, *Kharîdat al-ḳaṣr*, fol. 200 v°-202 r°; Yâḳoût, *Mou'djam*, I, p. 721; Dozy, *Catalogus*, II, p. 255.

2. Voir l'introduction du poème publié sous la lettre C, plus haut, p. 550.

3. Voir plus haut, p. 277.

4. Manuscrit انجلى, de même que dans la *Zoubda* de Kamâl ad-Dîn Ibn Al-'Adîm (manuscrit 728 de l'ancien fonds arabe), fol. 174 v°-175 r°, où sont cités ces mêmes vers, moins le deuxième et le troisième.

شَاَّـتْ يدُ الايّـام أنّ قسيّهـا ما أَرسلتْ سهما فأَخْطَى مقتلى
لى كلّ يوم كربةٌ مـن نكبة يَهمى لها جفنى وقلبى يَصطلى
يا تاجَ دولة هاشمٍ بل يا أَبا الـتّيجان بل يا قصدَ كلّ مؤمّـل
لو عاينتْ عينـاك قلعةَ شَيْزَر والسّتْرَ دون نسائها لم يُسْبَل
لرأيتَ حُصْنا هائلَ المرأى غَـدَا متهلّهلا مثـل النّقـا المتهلـهل

كذا انشدنيه المتهلهل وينبغى ان يكون المتهيّل

لا يهتدى فيه السُّعـاةُ لمسلك فكأنّما يَسْرى[1] بقـاعِ مهـوّل

قال فيها يذكر امرأة اخيه المذكورة

نزلتْ على رغم الزمان ولو حَوَتْ يُمْنـاك قائمَ سيفهـا لم تَنْزِل[2]
فتبدّلتْ عن كِبْرهـا بتواضـعٍ وتعوّضتْ عـن عزّهـا بتذلّلِ

كتب الينا القاضى الاشرف حمزة بن علىّ بن عثمان المخزومىّ بالديار المصريّة قال انشدنا ابو الفتح عثمان بن عيسى بن منصور بن هيحون البلطىّ النحوىّ واخبرنا ابو الحسن محمّد بن احمد بن علىّ قال اجاز لنا البلطىّ قال انشدنى الامير شرف الدولة ابو الفضل اسمعيل بن ابى العساكر سلطان بن علىّ بن منقذ بدمشق لنفسه[3] [كامل]

1. *Zoubda* : تسرى.

2. *Bougyat aṭ-ṭalab* : لم ينزل.

3. Ces deux vers se trouvent aussi dans 'Imâd ad-Dîn, *Kharîdat al-ḳaṣr*,

ومُهَفْهَفٍ كَتَبَ الجَمَالُ بخدّه سطرا يَدلّه[1] ناظرَ المتأمّل
بالغتُ فى استخراجه فوجدتّه لا رَأْىَ الاّ رَأْىَ اهلِ المَوْصل

قال الباطىّ وانشدنى ايضا لنفسه يصف النحل والزنبور[2] [كامل]

ومغرّدَيْنِ ترنّمًا فى مجلس فنفاهما لأذاهما الأقوامُ
هذا يَجود بما يَجود بعكسه هذا فيُحمَد ذا وذاك يُلامُ[3]

اى الذى يُعطى هذا عَسَلٌ و لذى يعطى هذا لَسْعٌ وهو عكسه انبأنا ابو عبد الله محمّد بن اسمعيل بن عبد الجبّار بن ابى الحجّاج المقدسىّ قال اخبرنا عماد الدين ابو عبد الله محمّد بن محمّد بن حامد الكاتب فى كتاب خريدة القصر قال[4] وتوفّى يعنى اسمعيل بن سلطان بن منقذ سنة احدى وستّين وخمسمائة بدمشق

(*Ibid.*, fol. 118 v°-120 r°[5]) اسمعيل بن المبارك بن كامل بن مقلّد بن علىّ بن مقلّد[6] بن نصر بن منقذ ابو الطاهر بن ابى الميمون الكنانىّ الشيزرىّ الاصل المصرىّ المولد والنشأة وقد استقصينا نسبه فى ترجمة ابن عمّ جدّه أسامة

fol. 115 v°, et dans Aboû Schâkir Al-Koutoubî, *Fawât al-wafayât*, I, p. 15.

1. Après سطرا, 'Imâd ad-Dîn et Aboû Schâkir : بحبّر.
2. Ces deux vers sont dans 'Imâd ad-Dîn, *Kharîdat al-kaṣr*, *loc. cit.*
3. Kamâl ad-Dîn : بدام.
4. 'Imâd ad-Dîn, *Kharîdat al-kaṣr*, fol. 115 v°.
5. Plus haut, p. 437-438.
6. Manuscrit : المقلد (*sic*).

ابن مرشد بن علىّ واسمعيل هذا امير فاضل شاعر خدم الملك العادل ابا بكر ابن أيّوب وولده الملك الكامل محمّد بن ابى بكر وسيّره[1] الملك الكامل رسولا الى حلب وغيرها من البلاد وواليا على حرّان فقدم علينا حلبَ واقام بها ايّاما ولم يتّفق لى اجتماع به وروى شيئا من الحديث عن الحافظ ابى طاهر السِّلَفى وشيئا من شعر ابى الحسن علىّ بن يحيى بن الذروىّ[2] روى لنا عنه ابو الحامد اسمعيل بن حامد القوصىّ[3] وابو بكر محمّد بن عبد العظيم المنذرىّ[4] ومحمّد بن علىّ الصابونىّ... انشدنا ابو الحامد[5] اسمعيل بن حامد القوصىّ قال انشدنا الامير الكبير ابو الطاهر[6] اسمعيل بن سيف الدولة المبارك بن منقذ قال انشدنى القاضى وجيه الدين ابو الحسن علىّ بن يحيى بن الذروىّ مديحا فى والدى الامير سيف الدولة قصيدتَه الذاليّة ومطلعُها[7] [طويل]

الك اللّهُ عرّجْ بى على ربعهم فذى رسومٌ يفوح المسكُ من عَرْفها الشَّذى
وذا يا كليمَ الشوقِ وادٍ مقدَّسٌ لذى الحُبّ فاخلعْ ليس يمشيه محتَذى
وقفنا فسلّمنا على كلّ منزل نلذُّ فيه العينَ كلَّ تَلَذُّذ

1. Manuscrit : وشيره.

2. Plus haut, p. 435, note 2.

3. Plus haut, p. 420, note 7. A mes citations sur ce personnage ajoutez la notice que lui a consacrée Kamâl ad-Dîn dans son *Dictionnaire biographique* (manuscrit de Paris), fol. 48 v°-50 r°. Ismâ'îl Al-Ḳoûṣî mourut, non pas en 623, comme il a été imprimé par suite d'une erreur typographique, mais en 653, comme le montre la date correspondante de notre ère, exactement donnée.

4. Plus haut, p. 420, note 6, sur le père de cet Aboû Bakr Moḥammad.

5. Manuscrit : ابو حامد.

6. Manuscrit : ابو طاهر.

7. Ibn Khallikân, *Biographical Dictionary*, II, p. 555 ; texte arabe

ولم يُبْكِنى الاّ وكانَ[1] مجدِّدُ · لأشجان قلب بالغرام مجذِّذ
فيا حَرَقى ذا آخِرَ الدمع فاَشْرِنى · ويا سَقَمى ذى فَضْلة القلب فاَغتذى
وبى ظَبْىُ أُنْسٍ كَمَّل الله حُسْنَه · وقال لأفواه الخلائق عَوِّذى
جَلا تحت ياقوت اللّمَى ثَغْرُ جوهرٍ · وطيبٌ وأَبْدَى[2] شاربا من زُمُرُّذ
وبى عُذَّلٌ أَبدى التشاغُلَ عنهم · اذا اخذوا فى عذلهم كلَّ مَأْخَذ
يقولون مَن هذا[3] الّذى مُتَّ فى الهوى · به أَسَفًا يا ربَّ لا علموا الّذى
ورُبَّ أَديبٍ لم يجد فى ارتحاله[4] · جَوادًا اذا ما قال هات يقلْ خُذ[5]
أَقول له اذ قام[6] يَرحل مُسْغِبًا · وسلّمه طولُ السقام وقد حَذى
مبارَكُ[7] عَيْشِ الوَفْد بابُ مبارَكٍ · وهل مُنْقِذُ القُصّاد الاّ ابنُ مُنْقِذ

انشدنى جمال الدين محمّد بن علىّ الصابونىّ[8] قال انشدنا جمال الدين اسمعيل بن المبارك بن منقذ لنفسه [خفيف]

صار داءُ الهوى لقلبىَ عادَهْ · فلهذا جفاه مَن كان عادَهْ
لو اتاه هجودُه رشفاه · كان يَشتاق سُقْمَه وسُهادَهْ

dans l'édition de Slane, I (unique), p. 619; dans l'édition Wüstenfeld, n° 563; dans l'édition de Boûlâḳ en trois volumes, II, p. 205-206.

1. Manuscrit الا اد كان (*sic*).

2. Manuscrit et textes imprimés : وابدا et اللما, excepté l'édition de Boûlâḳ, avec laquelle je lis اللمى et وابدى. Manuscrit sans وطيب.

3. Manuscrit : من دا (*sic*).

4. Manuscrit : فى ارتحاله.

5. Manuscrit et édition Wüstenfeld خذى.

6. Manuscrit : قال.

7. Vers traduit plus haut, p. 435.

8. Manuscrit : علىّ بن الصابونى.

أَلِفَ الهَمَّ والكَآبَةَ حتّى لو اتاه سرورُه ما ارادَهْ
ليس ذا قَسْوةً ولكنْ مُرادى أن يَنال الحبيبُ مِنْ[1] ما ارادَهْ
ان حَرَمْتُ الوِصالَ منه حَياةً فلعلّى فيه أَنالُ الشَّهادَهْ
يا رشيقَ القَوامِ أَخجلتَ بالبا نِ يثنّى غصونُه المَيّادَهْ
قد سلبتَ الفُؤادَ والطرفَ جمعا ذا سُوَيْداءه[2] وذاك سَوادَهْ
هل ترى فيهما تَكَوَّنُ صُدْغا كَ فخطّا على العذار مدادَهْ
قل لنَبْلِ القِصىّ ما انت الّا عند لَحْظِ الحبيب شوكُ القَتادَهْ
ولقُرْبِ السيوف انت جُفونٌ لعيونٍ تَذودنا مَيّادَهْ
ولغيب السَّحاب سُحْقًا بَتاتى كأسنا قد أَبان فيك الزَّهادَهْ
انت تَسقى وتَحجب البدر عنّا وهو يَسقى وبدرُه فى زِيادَهْ
مَنْطَقَتْه العيونُ حُسْنا ولولا خَشْيةٌ من سَناه كُنَّ قِلادَهْ

ونقلتُ هذه الابيات الذاليّة من خطّ الامير حُسام الدين ابى بكر محمّد بن مُرهَف بن اسامة بن منقذ[3] للامير جمال الدين اسمعيل بن الامير سيف الدولة المبارَك[4] بن منقذ وذكر انّه سمع منه هذه الابيات ونقلتُ من خطّه من شعر ابن عمّه اسمعيل المذكور [رجز]

1. Manuscrit : منى.
2. Manuscrit : سويداه.
3. Plus haut, p. 421.
4. Manuscrit : مبارك.

طِبِّي اللّحاظ وهي في أَجفانها قد قَتل الانسانُ من انسانها
مشهورةٌ قَتْلتُها مشهورةٌ فكيف تُرْدي وهي في أَجْفانها
أُسْدُ الحِمَى وان غَدَتْ فاتكةً تفرُّ بعد البأس من غزلانها
لو لم تكن رماحَها قُدودُها ما كانت الألحاظُ من خرصانها
بكّيتُ وَجْدا بهم حتّى بكتْ حمائمُ الأيك على أَغصانها
فان تكن صادقةً في نوحها مثلي وداعي الشوق من أَشجانها
لم تُلبِس الأَطْواقَ في أَعناقها وتُخْضَبِ الحِنّاء في بَنانها[1]

قال لى ابو بكر محمّد بن عبد العظيم اسمعيلُ بن المبارك احد امراء الدولتين العادليّة والكامليّة سمع بالاسكندريّة ابا طاهر احمد بن محمّد بن احمد السِّلَفيّ الاصبهانيّ وبمصر من والده وحدّث وسُئل عن مولده فقال في العشرين من رجب سنة تسع وستّين وخمسمائة بالقاهرة وتوفّي في شهر رمضان سنة ستّ وعشرين وستّمائة بمدينة حرّان اخبرنا شهاب الدين ابو المحامد اسمعيل بن حامد القوصيّ قال وهذا الامير جمال الدين اسمعيل بن منقذ رحمه الله كان اميرا وكاملا وكبيرا فاضلا وندبه السلطان الملك الكامل رحمه الله رسولا الى المغرب فأبان عن نهضة وكفاية وحُسن سفارة لما كان جامعا له من حُسن صورة وسيرة وعذوبة لفظ وسداد عبارة وولّاه ولايةَ مدينة حرّان وجمع له بين الولاية والامارة وتوفّي بها في شهور سنة سبع وعشرين قال ومولده بمصر في شهور سنة تسع وستّين وخمسمائة في العشرين من ذى القعدة قرأتُ في

1. Manuscrit : في نباها.

تعليق وقع الىّ بخطّ مُرهَف بن مرهف بن اسامة بن مرشد بن منقذ[1] ذيّل به على تعليق فى التأريخ بخطّ ابيه مُرهَف بن اسامة بن منقذ فى سنة سبعين وخمسمائة وُلد اسمعيل بن المبارك[2] بن كامل بن منقذ أنبأنا ابو محمّد عبد العظيم ابن عبد القوىّ المُنذرى قال فى ذكر من توفّى سنة ستّ وعشرين وستّمائة فى كتاب التكملة لوفيات النَّقَلة وفى شهر رمضان توفّى الامير الاجلّ ابو الطاهر اسمعيل بن الامير الاجلّ سيف الدولة ابى الميمون المبارَك بن كامل بن مقلّد ابن علىّ بن نصر بن منقذ الكنانىّ الشيزرىّ الاصل المصرىّ المولد والدار المنعوت بالجمال بحرّان ودُفن بظاهرها سمع بالاسكندريّة من الحافظ ابى طاهر احمد بن محمّد الاصبهانىّ وبمصر من والده سيف الدولة ابى الميمون المبارَك وحدّث وتولّى حرّان وغير ذلك سمعتُ منه وسألتُه عن مولده فقال فى العشرين من رجب سنة تسع وستّين وخمسمائة بالقاهرة وكان له شعر وادب كثير وتلاوة القران الكريم وترسّل عن السلطان الملك الكامل الى الفرنج خذلهم الله تعالى وهم اذذاك بثغر دمياط المحروس فبلغنا أنّه كان يختم بها فى كلّ يوم ختمة

الأَشرف بن الأَعزّ بن هاشم بن القاسم بن محمّد (*Ibid.*, fol. 146 v°-150 v°) ابن سعد الله..... ابو هاشم وقيل ابو الأعزّ وقيل ابو العزّ الحَسَنىّ الرَّمْلىّ النسابة المعروف بتاج العُلَى وبابن الناقلة[3]..... حدّث عن ابى اسحق بن فضلان

1. Plus haut, p. 421.
2. Manuscrit : مبارك.
3. Manuscrit الناقله, corrigé d'après le fol. 147 v°.

الطرسوسىّ وسمع اسامة ابن مرشد المُنقذىّ ... قدم حلب فى جمادى الاخرة سنة ستّمائة... وكان اصله من الكوفة وانتقل بعضُ سلفه الى الرملة وكان يذكر انّ مولده فى شهر ربيع الثانى سنة سبع وتسعين واربعمائة وأَظُنّنى سمعتة يذكر ذلك..... وكان كثير من الناس يكذّبونه فى زعمه ذلك فانّه كان يدّعى انّ عمره مائة وثلاث عشرة سنة وكان غير مأمون على [ما] ينقله كثير الكذب فيما يخبر به...[1] ظفرتُ بكتاب كتبه مؤيّد الدولة اسامة بن مرشد بن علىّ بن منقذ الكنانىّ الى اخيه ابى المغيث منقذ بن مرشد على يد تاج العلى[2] الى آمد دفعه الى القاضى بهاء الدين ابى[3] محمّد الحسن بن ابرهيم بن الخشّاب يتضمّن التنبيه على فضل تاج العلى وذُكْر مناقبه فنقلتُ من خطّ اسامة فى أَثناء الكتاب عبدُك يُنهى أنّه اجتمع بالامير السيّد الاحد الأوحد العالم علاء الدين ابى العزّ الأشرف بن الأعزّ الحَسَنىّ ادام الله علوّه فرأى آذىَّ بحرٍ لجميع العلوم زاخر، مضافٍ الى النسب الشريف الفاخر، جليسه منه بين روضة وغدير، وادبٍ بارع وفضل غزير، قد احتوى على فنون الادب، وأَحكم معرفة السّيَر والنّسَب، وما أَصفُ لك يا مولاى فضله، غير أنّى والله ما رأيت مثله، وما انت يا مولاى جُعلتُ فداءك ممّن ينبّه على فضيلة ولا يُحَثّ على مكرمة فاصرفْ همّتَك الى ما تَلقاه به من الاكرام والتبجيل، لفضل علمه الغزير وشرفه الاصيل، نقلتُ من خطّ العماد ابى عبد الله محمّد بن محمّد بن حامد

1. Il a été fait allusion à ce qui suit plus haut, p. 317-318.

2. Manuscrit : تاج العلا.

3. Manuscrit : ببهاى الدين ابو محمد.

الاصبهانىّ فى كتاب السيل والذيل الذى ذيّل به على خريدة القصر... قال الشريف شرف الدين الأشرف بن الأعزّ بن هاشم الحسنىّ الرملىّ المعروف بالناقلة[1] النسّابة المقيم بحصن كيفا مولده بحُمْرانَ بين مكّة والمدينة وقد سافر الى بلاد المغرب والمشرق والاندلس وصقليّة ومصر وأَذْرَبيجان وغيرها حضر عندى بالخيمة على آمد فى خامس المحرّم سنة تسع وسبعين وخمسمائة ورأيتُه مفوّها منْطيقا ورأيتُه بسيماء الشباب فسألتُ عن سِنّه فقال أَربيتُ على الخمسين فهذا يدلّ على أنّ مولده كان فى حدود الثلاثين قبلها وقد كان العمادُ يَظنّ أنّ سِنّه اصغرُ ممّا ادّعاه وتدرّج بعد ذلك الى ان ادّعى انّ مولده سنة سبع وتسعين واربعمائة... توفّى تاج العلى[2] النسّابة بحلب فى يوم الاحد سلخ صفر من سنة عشر وستّمائة

([3]*Ibid.*, fol. 169 v°) الأُصَيْلح المعلّم الكفرطابىّ كان معلّما بكفرطاب وله شعر اخبرنا ابو الحسن محمّد بن احمد القُرْطُبىّ عن مؤيّد الدولة ابى المظفّر اسامة بن مرشد بن علىّ بن منقذ قال كان الأُصيلح معلّما فى كفرطاب وكان يوسف بن المنيرة[4] ابو استاذى حائكا ثم تأدّب وصار معلّما فقال فيه الأُصَيْلح [خفيف]

اىّ عقلٍ لحائكٍ فى الأَنامِ لا ولو قيِّدَ نحوَه بزِمامِ

1. Peut-être faut-il lire بابن الناقلة; cf. p. 579, l. dernière.
2. Manuscrit : تاج العلا.
3. Plus haut, p. 342.
4. Manuscrit : المغيرة. J'ai rectifié d'après l'*Autobiographie*, p. 63; cf. plus haut, p. 50.

نصفُه نازلٌ مع الجِنّ فى البِشْــر وباقيه قاعدٌ فى قِيـامِ[1]

ابو (Manuscrit de Londres, Additamenta 23354, fol. 62 v°-63 r°) صالح[2] ابن المهذّب المَعَرّىّ وهذا غير ابى صالح محمّد بن علىّ بن المهذّب الذى كان فى عصر ابى العلاء بن سليمان[3] فانّ هذا متأخّر العصر بعد الخمسمائة اخبرنا ابو الحسن محمّد بن ابى جعفر احمد بن علىّ الفَنَكىّ بدمشق قال انشدنى مؤيّد الدولة اسامة بن مرشد بن منقذ لنفسه وذكر أنّه قالها على لسان الشيخ ابى صالح ابن المهذّب رحمه الله وكانت فيه حِدّة مع فضل وعلم وتُقًى وكان نزل بشيزر وفريق من العرب معهم جارية اسمها شَوْقُ مستحسَنة وكَتَبَ الأبيات ورمى بها نُسَخا بشيزر فوقع منها بيد الشيخ ابى صالح رحمه الله فقامت قيامتُه ولم يدر احد من عمل الابيات فقال له الشيخ العالم ابو عبد الله محمّد بن يوسف المعروف بابن المنيرة رحمه الله وهو مؤدّبه[4] هذه الابيات التى قد رُميتْ ما يُحسِن تقولها الاّ انا والقاضى ابو مُرشِد ابن سليمان[5] او انت وانا وابو مرشد

1. Manuscrit : نصفه نازل فى البير مع الجــن وباقيه قاعد فى قيام ; entre فى et البير, un signe qui indique peut-être la transposition des mots.

2. Le chapitre d'où est tirée cette notice, comme aussi la suivante, est consacré aux hommes illustres que l'on désigne ordinairement par les prénoms (*kounya*), dans lesquels *Aboû* entre comme premier terme de la composition; voir Rieu, *Catalogus*, p. 593.

3. Le célèbre poète aveugle, Aboû 'l-'Alâ Aḥmad ibn 'Abd Allâh ibn Soulaimân Al-Ma'arrî At-Tanoûkhî naquit à Ma'arrat an-No'mân en décembre 973 et y mourut en mai 1057 ; voir sur lui Nâṣiri Khosrau, *Sefer-Nameh*, traduction Schefer, p. 35-36, et la note 1 de la page 36 ; 'Imâd ad-Dîn, *Kharîdat al-ḳaṣr*, fol. 119 r° et v°; Ibn Al-Athîr, *Chronicon*, IX, p. 438; Aboû 'l-Fidâ, *Annales moslemici*, III, p. 162-167.

4. Plus haut, p. 50-53 et 581.

5. 'Imâd ad-Dîn, *Kharîdat al-ḳaṣr*, fol. 127 r° (cf. Dozy, *Catalogus*, II,

ما قلناها وما قالها غيرك وهى [منسرح]

قُولا لرئمٍ فى حلّة العَرَبِ اليك أشكو ما يَصنع اسمُك بى
بما استخارتْ عيناك سَفْكَ دمى وأُخْذَ قلبى فى جُملة السَّلَبِ
لولاكِ والدهرُ كلُّه عَجَبٌ ما حضرتْ فى ذمّة العَرَبِ
جارُك أَوْلَى برَعْى ذمّته ان أنت راعيت حُرمةَ الصَّقَبِ
هذا هَوًى كنتُ فى بُلَهْنِيَةٍ[1] عنه فيا لَلرِّجال للعَجَبِ
أيَسترقّ الكريمَ ذا النَّسَبِ الواضحَ عند مستعجِم النَّسَبِ
ويُحمل الثأرَ مَن به خَوَرٌ عن احتمال الحِجال والقُلُبِ
نشدتُك اللهَ فى احتمال دمى عَشيرى ما يفوتهم طَلَبى
ما فاتَ قومى آلَ المهذَّب من قَبْلى ثارٌ فى سالف الحِقَبِ
ولا تُريقى دمًا لدى أدبٍ يَسطو بأقلامه على القُضُبِ

ابو النَّمر ابن العَنَزى[2] القاضى من بيت كبيز (*Ibid.*, fol. 129 r° et v°)

p. 247), l'appelle Aboû Mourschid Soulaimân et raconte qu'il mourut à Schaizar, où il s'était réfugié après la prise de Ma'arrat an-No'mân par les Francs. Lisez dans le passage cité par Dozy وتوفى بها au lieu de وكونى بها, comme il ressort clairement du manuscrit.

1. Manuscrit : فى لهينة. Le mot que j'ai restitué appartient au vocabulaire d'Ousâma; voir *Autobiographie*, p. 122, l. 13; *Livre du bâton*, plus haut, p. 541, l. 7, où il faut lire avec un *ḍamma* sur le *bâ*; voir aussi p. 547, l. 6.

2. C'est-à-dire de la tribu de 'Anaza ibn Asad, qui est encore aujourd'hui établie sur les confins de la Syrie et de la Mésopotamie d'après Burckhardt, *Notes on the Bedouins*, p. 1, cité par Wüstenfeld, *Register zu den genealogischen Tabellen*, p. 82; voir aussi Caussin de Perceval, *Essai sur l'histoire des Arabes*, I, p. 191.

بالشامَ مشهورٍ ولهم اتّصال بملوكها[1] وحرمةٌ عندهم واصلُهم من كفرطاب وسكنوا حماة بعد استيلاء الفرنج على كفرطاب[2] وهذا القاضى ابو التَّمِر كتب عنه مؤيَّدُ الدولة اسامة بن مرشد بن منقذ فانّى نقلت من خطّ اسامة من كتابه الموسوم بأَزهار الأَنهار[3] قال حدّثنى القاضى ابو التمر [ابن] العَنَزىّ رحمه الله بحصن شيزر قال سافرتُ الى اليمن فاتاه[4] الخبر بعصيان بلد من بلاده فركب وسار اليه وانا صحبته وهو فِى خلق كثير على الركاب واقسم ليستبحن دماءهم واموالَهم فسرنا حتّى نزلنا على المدينة وأَمَرَنا بالتأَهّب لقتالهم وهجِم المدينة فرأينا امرأة قد خرجت من المدينة وجاءت تتخطّأُ الناسَ حتّى وصلت الى

1. Allusion au « Roi des Arabes » Doubais ibn Sadaka al-Asadi, un rejeton d'Asad, comme les Banoû 'Anaza. Tous les princes de cette famille portaient le titre de roi. Doubais fut mis à mort à la fin de 529 de l'hégire, en août ou en septembre 1135, par ordre du sultan Seldjoûkide Mas'oûd. Voir Al-Ḥarîri, *Maḳâmât* (éd. Reinaud et J. Derenbourg), p. 507; et *Introduction*, p. 27; 'Imâd ad-Dîn, *Kharîdat al-ḳaṣr* (manuscrit 1447 de notre ancien fonds arabe), fol. 108 v°-119 v°, parmi les rois des Arabes établis à Al-Ḥilla, et dans Al-Bondârî, *Histoire des Seljoucides de l'Irâq* (éd. Houtsma) p. 178-179; Ibn Al-Athîr et Aboû 'l-Fidâ, dans *Hist. or. des croisades*, I, p. 509 et 22; Kamâl ad-Dîn, *Zoubda*, *ibid.*, III, p. 661-664, et dans Rœhricht, *Beiträge*, I, p. 296-299; Ibn Khallikân, *Biographical Dictionary*, I, p. 504-507; Hammer, *Literaturgeschichte der Araber*, VI, p. 865-867; VII, p. 1254-1255.

2. La première occupation de Kafarṭâb par les Francs eut lieu dès le deux rabî' 1er 490 (dix-sept février 1097); cf. Kamâl ad-Dîn, *Zoubda*, dans Rœhricht, *Beiträge*, I, p. 216; Sibṭ Ibn Al-Djauzî et Ibn Tagrîbardî, dans *Hist. or. des croisades*, III, p. 517 et 482.

3. Plus haut, p. 332-333.

4. Le suffixe se rapporte au « Sultan du Yémen », sans doute nommé dans ce qui précédait immédiatement. C'était, je suppose, Manṣoûr ibn Al-Fâtik ibn Djayyâsch Ibn Nadjâḥ, qui mourut empoisonné en 519 de l'hégire (1125 de notre ère); cf. Ibn Ad-Daiba', *Bougyat al-moustafîd*, dans Johannsen, *Historia Iemanæ*, p. 136-138; Ibn Khaldoûn, *'Ibar*, IV, p. 218.

السلطان وانا عنده فسلّمتْ عليه فرحّبَ بها واكرمها واجلسها ثمّ قال لها ما حاجتك قالت جئتُك أن تَهَبَ لى هذه المدينة واهلها فقال هؤلاء قد اظهروا العصيان والشّقاق وقد أَقسمتُ ان أَستبيح دماءهم واموالهم فقالت بل تَرجع عن هذا الى المعتاد من صفحك وكرم عَفْوك وتهب لى ذنبهم ودماءهم واموالهم فقال ما أَفعلُ ولا أُفسد مملكتى وأَستدعى عصيانَ رعيّتى بصفحى عن هؤلاء المنافقين فغضّتْ وقامت وقالت نسيتَ حقّى وحرمتى واطرحتَنى حتّى أَنّى أَسألك فى مدينة من مداينك لنقضى بها حقّى ولا تجيب[1] سؤالى ثم ولّتْ فأَطرق وقال رُدّوها فلمّا عادت اعتذر اليها وتلطّفها وقال قد وهبتُ لك البلد واموال اهلها ودماءهم وها انا راحل ثم امر النّاسَ بالرحيل ونفّذ مَن رتّب امر البلد وسار فسأَلتُ عن تلك المرأة فقيل لى انّ هذه امرأة كانت تُرْضعه وكان ابوه مالكَ هذه البلاد فقام عليه اخوه فقتله وملك البلاد وهذا اذذاك طفل فتطلّبه عمّه ليقتله فخبّتْه هذه المرأة بينها وبين نسائها وأَخفتْه وخرجت به من البلد فربّتْه فى خمول واختفى حتّى كبر وجار عمّه على الرعيّة وأَساء اليهم فوثبوا عليه فقتلوه ونفذوا خلف هذا واحضروه وملّكوه عليهم كما ترى فهى تذكّره بما فعلتْه فى حقّه وهو يَرعى لها ذلك الصَّنْع

1. Manuscrit : توجب.

II. *Extraits de la* Crème de l'histoire d'Alep, *par Kamâl ad-Dîn Ibn Al-'Adîm.*

Kamâl ad-Dîn Ibn Al-'Adîm, après avoir achevé son Dictionnaire des hommes illustres d'Alep, ne se crut pas encore quitte envers sa ville natale. Il conçut le projet d'en écrire l'histoire, année par année, en faisant un nouvel emploi des documents qu'il avait amassés pour son répertoire classé lettre par lettre, qu'il venait de terminer. Il n'attendit pas la conquête et la destruction d'Alep par les Tatares le vingt-cinq janvier 1260 pour y résigner ses fonctions héréditaires de ḳâḍî et pour renouveler les voyages de sa jeunesse studieuse. Trois ans auparavant, le dix-huit février 1257, il achevait à Bagdâdh une copie des Longues histoires, par Aboû Ḥanîfa de Dînawar[1]. La vie agitée et nomade qu'Ibn Al-'Adîm mena depuis lors jusqu'à ce qu'il mourut au Caire en avril 1262 le contraignit à restreindre son programme et à ne publier que la rédaction abrégée, intitulée : زبدة الحلب ، من تأريخ حلب « La Crème du lait frais de l'histoire d'Alep. »

Ce résumé substantiel nous a été conservé dans le manuscrit 728 de l'ancien fonds arabe, exemplaire coté aujourd'hui 1666 dans le Catalogue de notre Bibliothèque nationale[2]. Ce volume,

1. Aboû Ḥanîfa Ad-Dînawarî, *Kitâb al-akhbâr aṭ-ṭiwâl*, publié par Vladimir Guirgass (Leide, 1888) ; Baron Victor Rosen, *Les manuscrits arabes de l'Institut des langues orientales*, p. 16 17 ; Hartwig Derenbourg, dans la *Revue critique* de 1888, II, p. 61.

2. Slane, *Catalogue*, p. 311.

copié sur l'autographe de l'auteur, a été achevé le onze rabî' second 666, c'est-à-dire le trente décembre 1267, moins de six ans après sa mort[1]. Le manuscrit du Musée asiatique de Saint-Pétersbourg, provenant de Rousseau, a été copié sur celui de Paris, comme le prouve une lacune d'un feuillet, identique dans l'un et dans l'autre[2].

Le volume conservé à Paris, provenant des acquisitions faites dans le Levant sur l'initiative et pour le compte de Colbert[3], coté autrefois 5158 dans sa bibliothèque[4], a été mis à contribution dans des publications diverses. On y a puisé largement sans en épuiser le contenu. A mon tour, j'y ai glané après mes devanciers quelques épis de choix. Une édition complète est encore désirable[5], même après qu'elle a été déflorée par les extraits considérables communiqués dans les manuscrits et ouvrages suivants:

1° Manuscrits acquis en 1813 par la Bibliothèque nationale[6], contenant des copies du texte arabe et des traductions françaises et latines, faites vers 1770 par Dom Georges-François Berthereau et son collaborateur, un Syrien nommé Joseph Schâhîn, que le savant bénédictin s'était adjoint pour cette tâche. Les manuscrits de cette collection, où Kamâl ad-Dîn est mis à contribution, portent aujourd'hui dans le fonds français les numéros 9063-9065, 9067, 9069, 9071[7].

1. Souscription du manuscrit, fol. 268 r°.

2. Baron Victor Rosen, *Notices sommaires sur les manuscrits arabes du Musée asiatique* (Saint-Pétersbourg, 1881), p. 98.

3. L. Delisle, *Le cabinet des manuscrits*, I, p. 446-448.

4. Note de Joseph Ascari, datée de 1735 et insérée en tête du volume; voir Slane, *Catalogue*, p. 311.

5. Vœu exprimé par M. le Baron de Slane, dans l'*Introduction* aux *Hist. or. des croisades*, I, p. LVII.

6. L. Delisle, *Le cabinet des manuscrits*, II, p. 283.

7. Baron de Slane, *Introduction* aux *Hist. or. des croisades*. I, p. III et IV; Comte Riant, *Inventaire des matériaux rassemblés par les Bénédictins au dix huitième siècle pour la publication des Historiens des croisades*, dans les *Archives de l'Orient latin*, II I, p. 114-115, 117, 119.

2° Extraits traduits en français au commencement du siècle par Silvestre de Sacy pour l'historien des croisades F. Wilken[1]. Ils sont conservés à la Bibliothèque royale de Berlin, parmi les manuscrits français in-4°, sous le numéro 78. Cette traduction a été publiée en 1874 par M. R. Rœhricht dans le premier volume de ses Documents relatifs à l'histoire des croisades[2].

3° G. W. Freytag, *Selecta ex historia Halebi*, e codice arabico Bibliothecæ regiæ Parisiensis edidit, latine vertit et adnotationibus illustravit. Lutetiæ Parisiorum, e Typographia regia, 1819.

4° Id., *Regierung des Saadh-Aldaula zu Aleppo*, arabisch mit Uebersetzung und Anmerkungen. Bonn, 1820.

5° Reinaud, *Extraits des historiens arabes*, faisant partie des Croisades de M. Michaud, traduits en partie et revus pour le reste par M. l'abbé Reinaud. Paris, Boucher, 1822, in-8°. Une nouvelle édition, « entièrement refondue et considérablement augmentée, par M. Reinaud », a été imprimée, par autorisation du Roi, à l'Imprimerie royale », en 1829. Elle est rattachée, comme quatrième volume, à la seconde édition de Michaud, *Bibliothèque des croisades*.

6° G. W. Freytag, *Lokmani fabulæ* et plura loca ex codicibus maximam partem historicis selecta edidit. Bonnæ ad Rhenum, 1823, p. 41-71.

7° Leonis Diaconi *Historiarum libri X*, dans le *Corpus scriptorum historiæ Byzantinæ*, deuxième volume publié à Bonn en 1828, p. 389-394.

8° J. J. Mueller, *Historia Merdasidarum*, ex Halebensibus Cemaleddini annalibus excerpta. Bonnæ (1830)[3].

1. F. Wilken, *Geschichte der Kreuzzüge*, Leipzig, 1807-1832, 7 tomes en 9 volumes.

2. R. Rœhricht, *Beiträge zur Geschichte der Kreuzzüge*, I, p. 209-346; cf. II, p. 401-402, corrections d'après le compte-rendu de MM. G. Monod et C. Defrémery, inséré dans la *Revue critique*, n° 1 de 1875.

3. Cette brochure, de IV et CVIII pages, ne porte aucune date. Celle

9° G. W. Freytag, *Chrestomathia arabica grammatica historica*. Bonnæ ad Rhenum, 1834, p. 177-252.

10° C. Defrémery, *Récit de la première croisade et des quatorze années suivantes*, traduit de l'arabe de Kémâl-Eddîn, et accompagné de notes historiques et géographiques, dans *Mémoires d'histoire orientale*, I, p. 35-65.

11° G. W. Freytag, *Geschichte der Dynastien der Hamdaniden in Mosul und Aleppo*, dans la *Zeitschrift der deutschen morgenlændischen Gesellschaft*, X (1856), p. 432-498 ; XI (1857), p. 177-252.

12° Barbier de Meynard, *Extraits de la Chronique d'Alep*, par Kemal ed-Dîn, texte arabe et traduction française, dans *Historiens orientaux des croisades*, III (Paris, Imprimerie nationale, 1884), p. 571-690.

A cette liste on pourra ajouter les quelques passages inédits qui suivent :

(Manuscrit 728 de l'ancien fonds arabe, fol. 91 r° et v°) وامّا سديد الملك ابو الحسن بن منقذ فانّه استشعر من تاج الملوك[1] أن يقبضه وكان اخاه من الرضاعة فاجتمع باسباسلار ابى حرب المعروف بجُرَيْبَة[2] ألفافا وكان صاحب سرّ محمود ونديمه وكان لابن منقذ اليه احسان كثير وصنائع جمّة فقال له قد استشعرتُ من تاج الملوك فانظرْ ما تعمله معى فقال تكلّفنى ان يقول الامير اريدُ

que j'ai donnée est empruntée à Zenker, *Bibliotheca orientalis*, I, p. 97, n° 818.

1. Il s'agit du Mirdâsite Tâdj al-Mouloûk Maḥmoûd, fils de Naṣr, fils de Ṣâliḥ, auquel Alep se soumit le premier septembre 1060 ; voir plus haut, p. 16-17. Les événements rapportés sont de 1072.

2. Lecture douteuse ; manuscrit بحرنه, avec l'ombre d'un point sur le *ḥâ*.

أَقبِضُ على فلان فأُخبرك بذلك لا والله ولكن انا أُنفذ اليك مع عجوز عندى الفْى دينار فاذا نفّذتَّ طلبتُها منك فشأنك ونفسَك فبقيتُ تلك الدنانير عنده مدّة ثم نفّذ العجوزَ يَطلبها وكان قد أَصلح حاله للسفر فدفع اليها الدنانير وركب من يومه وخرج من حلب الى كفرطاب فاستَصحب منها ما اراد وسيّر حُسينَ ابن كامل بن الدَّوخ الى سديد الملك بن منقذ يسئله الاجتماع به فاجتمعا فقال له حسين ايش رأيك فى الدخول الى حلب فقال ما اقول لك شيئا لانّ لك مالا عظيما فان اشرتُ عليك بتركه كنتُ مَلوما عندك ولكنّى اقول لك ما أَعمَلُ وانت ترى رأيك والله لا نظرتُ محمودا ابدا وسار الى طرابلس فكتب محمودٌ الى ابن عمرون يأمره بالقبض عليه ويَبذل له ثلثة الف درهم ورفنيّة[1] فلم يُظفَر به وسار ابن منقذ حتّى وصل الى طرابلس فى سنة خمس وستّين فلقى ابن عمّار واخاه فكاتبهما محمودٌ فتنكّرا له وعزم ابنُ منقذ على الطلوع الى مصر فاتّفق موتُ امين الدولة بن عمّار فشَدَّ ابنُ منقذ من جلال الملك علىّ ابن عمّار وعاضَده بمماليكه ومَن طلع معه من اهل كفرطاب فاخرجوا اخا امين الدولة وتولّى جلال الملك وعَظُمَ محلّ ابن منقذ عنده حتّى كان حكمُه فى طرابلس مثله وكاتبه محمودٌ بتطييب قلبه فلم يثق به ولم يَعُدْ الى حلب حتّى مات[2]

وفى سنة خمس وستّين واربعمائة وقيل فى شوّال (*Ibid.*, fol. 93 vº-94-rº)

1. Manuscrit : ورفسه.

2. Vient ensuite l'anecdote de la correspondance entre Ibn An-Naḥḥâs, secrétaire de Maḥmoûd, et Sadîd al-Moulk 'Alî Ibn Mounḳidh ; voir plus haut, p. 18, et Ibn Khallikân, *Biographical Dictionary*, II, p. 343.

سنة اربع وستّين وفد ابو الفتيان بن حَيّوس[1] على محمود بن نصر بن صالح وكان سديدُ الملك بن منقذ اجتمع به بطرابلس ورأى نفور بنى عمّار منه لاجل ميله الى الدولة المصريّة فاشار عليه ان يَقصد محمودا بحلب فقصده صحبةَ نصر بن سديد الملك بن منقذ فاحضره محمود وكان قد جلس فى مجلسه وامر باحضار الشراب فشرب أَقداحا ثم قال ارفعوا الخمر فانّ ابن حيّوس يحضرنى ممتدحا وفى نفسى أن أَهَبَه جائزة سنيّة فان كان الشراب فى مجالسى قيل وهبه وهو سكران فرفع [الخمر] وحضر الامير ابو الفتيان فانشده قصيدته الميميّة التى اوّلها [طويل]

قفوا فى القلى حيث انتهيتم تذمّمَا ولا تَقتفوا مَن جارَ لمّا تحكّمَا
أَرى كلّ مُعْوَجّ المودّة يُصطفَى لديكم ويَلقى حتفَه مَن تقوّمَا

وهى قصيدة طويلة أَحسنَ فيها كلّ الاحسان وذكر اشارةَ ابن منقذ عليه بقصده فقال

سأَشكرُ رايا مُنقذيّا أَخَانى ذَراك فقد أَولى جميلا وأَنعمَا

فوهب له الف دينار ذهبا فى صينيّة فضّة وجعلها له رسما عليه فى كلّ سنة واحتَفر الخندقَ بحاب فجاءه ابو الفتيان فقال هذه أَعمال يَعجز عنها كسرَى وذو الأَكتاف فقال محمود ما كان الامير ابو الحسن يُنقذه حتّى زيّدتّه[2]

1. Plus haut, p. 18, note 4; p. 19, et Hammer, *Literaturgeschichte der Araber*, VI, p. 1133.
2. Mot lu par conjecture; voir plus haut, p. 19, note 1.

(*Ibid.*, fol. 101 v°-102 r°) وكان سديد الملك بن منقذ قد وفد على شرف الدولة[1] ونزل معه على حلب وكان شرف [الدولة] قد عزم على الرحيل عن حلب لما حَلَّ بهم من الضجر ومصابرة اهل حلب وغلتِ الأَسعارُ عندهم حتّى صار الخبز ستّةُ أَرطال بدينار وقُرب سديد الملك ابو الحسن بن منقذ من سور القلعة فاطلع اليه صديق له من اهل الادب فقال له كيف انتم فقال طول جبّ خوفا من تفسير الكلمة فعاد ابن منقذ وهو يقلّب هذا الكلام فصحّ له أنّه قصد بكلامه أنّهم قد ضعّفوا وأَوجس أنّها كلمتان وانّ قوله طول بريد به مَدًا وجبّ يريد به بير فقال مَدابيرُ والله فأَعلم شرفَ الدولة بذالك فقوّى نفسه فلكها

([2] *Ibid.*, fol. 103 v°-104 r°) وكان سديد الملك بن منقذ قد عمر قلعة الجسر وقصد مضايقة شيزر وبها أُسقُفُ آلبارة وضيّق عليه الى ان راسله واشتراها منه واستخلفه على اشياء اشرطها عليه ولم يزل ابن منقذ يَعِدُه الجميل ويَتلطّف له الى ان سلّم اليه حُصن شيزر ليلة الاحد النصف من شهر رجب من سنة اربع وسبعين واربعمائة ووفّى[3] له ابنُ منقذ بكلّ ما عاهده عليه فثقُل ذالك على شرف الدولة وحسد ابنَ منقذ على شيزر فسار عسكرُ حلب مع مؤيّد الدولة علىّ بن قُريش الى شيزر ونزلوا عليها فى يوم الجمعة خامس ذى الحجّة سنة

1. C'est Scharaf ad-Daula Aboû 'l-Makârim Mouslim ibn Ḳouraisch Al-'Oukaili, seigneur de Mauṣil, qui entra dans Alep le dix-huit juin 1080, après être arrivé sous ses murs le huit. Il convient de rectifier ainsi p. 22, l. 17, et note 4; cf. Freytag, *Selecta ex historia Halebi*, p. XVIII-XIX.

2. Plus haut, p. 24.

3. Manuscrit : ووفا.

اربع وسبعين واربعمائة بعد مراسلات جرت فلم يُجِب ابنُ منقذ الى ما التمس منه وكان علىّ بن قريش قد اخذ فى طريقه حُصنا لابن منقذ يقال له أَسْفُونَا غربىّ كفرطاب وكان ابنُ منقذ قد تأهب للحصار وحمل من الجسر الى شيزر ما يَكفى لمن فيه مُدّةً طويلة من سائر الاشياء. وحصره علىّ بن قريش مدّة الى ان وصل شرفُ الدولة بنفسه فنزل على شيزر يوم الاربعاء سلخ المحرّم من سنة خمس وسبعين واربعمائة ثم رحل عنها الى حُمص يوم السبت ثالث صفر واقام عسكرُه على شيزر فتَطارَحَ ابنُ منقذ عليه وسيّر ابنَه ابا العساكر وامرأتَه منصورةَ بنت المطوّع واختَه رَفيعة بنت منقذ الى حُمص فدخلوا عليه وحملوا اليه مالا فأُنفذ الى عسكره ورحّله عن شيزر فى الثامن والعشرين من صفر من السنة

I. *Biographie d'Ousâma et Notices sur plusieurs émirs Mounḳidhites, par Adh-Dhahabi.*

Schams ad-Dîn Aboû 'Abd Allâh Moḥammad ibn Aḥmad ibn 'Othmân ibn Ḳâymâz Adh-Dhahabî At-Tourkomânî Al-Fâriḳî Asch-Schâfi'î naquît à Damas en rabî' second 673 (octobre 1274) et y mourut en dhoû 'l-ḳa'da 748[1] (février 1348). Ce polygraphe avait réuni une partie de ses notes prises dans sa vaste lecture sous forme d'obituaires classés année par année. L'étendue des articles diffère sensiblement, comme on le verra par les quelques exemples donnés ci-dessous. La place qu'il a, par exemple, accordée à Ousâma dans l'année 584 est hors de proportion avec les paragraphes condensés et resserrés consacrés à d'autres personnages d'égale importance. Il y a là un défaut de composition, il y a là aussi une marque évidente de partialité et de préférences.

Pour établir les textes qui vont suivre, j'ai eu à ma disposition deux manuscrits : 1° le volume, coté autrefois 753 de l'ancien fonds arabe, aujourd'hui 1582[2], de la Bibliothèque nationale que je désignerai par la lettre B ; 2° le manuscrit Orientalia 52,

1. Ibn Schouhba, *Ṭabaḳât asch-schâfi iyya* (manuscrit 1763 de Gotha), dans Adh-Dhahabi, *Liber classium* (éd. Wüstenfeld), II, p. ıı (cf. *ibid.*, III, p. 68-69), et dans Wüstenfeld, *Die Academien der Araber*, p. 121 ; cf. Ibn Schâkir Al-Koutoubi, *Fawât al-wafayât*, II, p. 183-184 ; Wüstenfeld, *Die Geschichtschreiber der Araber*, p. 173-174.

2. Slane, *Catalogue des manuscrits arabes*, p. 299 *a*.

aujourd'hui MDCXL du Musée Britannique [1] où je n'ai étudié que la biographie d'Ousâma et qui sera indiqué par la lettre C.

أُسامة بن مرشد بن علىّ بن (B, fol. 13 v°-15 v°; C, fol. 16 v°-19 r°) مقلَّد بن نصر بن منقذ الامير الكبير مجد الدين مؤيَّد الدولة ابو المظفَّر الكنانىّ الشيزرىّ الاديب احد أبطال الاسلام ، ورئيس الشعراء الأَعلام ، وُلد بشيزر فى سنة ثمان وثمانين واربعمائة وسمع سنةَ تسع وتسعين نسخةَ ابن هُدْبة [2] من علىّ بن سالم السِّنبسىّ سمع منه [3] ابو القٰسم بن عَساكر الحافظ وابو سعد بن السَّمعانىّ وابو المواهب بن صَصْرَى والحافظ عبد الغنىّ وولدُه الامير ابو الفوارس مُرهَف والبهاء عبد الرحمن وشمس الدين محمّد بن عبد الكافى وعبد الصمد ابن خليل بن مقلَّد الصائغ وعبد الكريم بن نصر الله بن ابى سُراقة واخَرون وله شعر يروق وشجاعة مشهورة دخل ديار مصر وخدم بها فى ايّام العادل ابن السّلار ثم قدم دمشق وسكن حماة مدّة وكان ابوه اميرا شاعرا مجيدا ايضا وقال ابن السَّمعانىّ قال لى ابو المظفَّر أَحفظُ اكثر من عشرين الف بيت من شعر الجاهليّة [4] ودخلتُ بغداذَ وقتَ محاربة دُبَيْس والمسترشد بالله ونزلتُ الجانبَ الغربىّ وما عبرتُ الى شرقيّها [5] فقال العماد الكاتب [6] مؤيَّدُ الدولة اعرفُ اهل

1. Rieu, *Catalogus*, p. 739 *b*.
2. B et C ابى هدبة, rectifiés d'après p. 571, l. 3 et 4.
3. Sur ces auditeurs d'Ousâma, voir plus haut, p. 379.
4. Cf. p. 49, note 2.
5. P. 150, 152, 406.
6. 'Imâd ad-Dîn, *Kharîdat al-ḳaṣr*, dans les *Nouveaux mélanges orientaux*, p. 122-123 et 145.

بيته فى الحسب ، واعرفُهم بالادب ، وجرتْ له نَبْوةٌ فى ايّام الدمشقيّين وسافر الى مصر فاقام بها سنين فى ايّام المصريّين ثم عاد الى دمشق وكنتُ أَسمع بفضله وانا بأصبهان وما زال بنو منقذ مالكى شيزر الى ان جاءت الزلزلةُ فى سنة نيّف وخمسين وخمسمائة فخَربتْ حُصُنَها ، وأَذهبت حُسْنَها ، وتملّكها نور الدين عليهم واعاد بناءها فتشعّبوا شُعَبا ، وتفرّقوا أَيْدى سَبَا ، وأُسامةُ كاسمه ، فى قوّة نثره ونظمه ، يلوح فى كلامه أَمارةُ الاماره ، ويؤسّس بيتَ قريضه عَمارةُ العباره ، انتقل الى مصر فبقى بها مؤمَّراً مشارا اليه بالتعظيم ، الى ايّام ابن رُزِّيك فعاد الى دمشق محترَما حتّى أُخذتْ شيزرُ من اهله ، ورشقهم صرفُ الزمان بنبله ، ورماه الحدثانُ الى حصن كيفا مقيما بها فى ولده ، مؤثرا بلدَها على بلده ، حتّى اعاد اللهُ دمشق الى سلطنة صلاح الدين ولم يزل مشغوفا بذكره ، مستهترا باشاعة نظمه ونثره ، والاميرُ عَضُد الدولة ولد الامير مؤيّد الدولة جليسه ونديمه فطلبه الى دمشق وقد شاخ فاجتمعتُ به وانشدنى لنفسه فى قلع ضرسه[1] [بسيط]

وصاحبٍ لا أَمَلُّ الدهرَ صُحْبَتَه يَشْقَى[2] لنفعى ويَسْعَى سَعْىَ مُجْتَهِدِ
لم أَلْقَه مذ تصاحبْنا فحين بدا لناظرى افترقْنا فُرْقَةَ الأَبَدِ

قال العماد ومن عجيب ما اتّفق لى أَنّى وجدت هذين البيتين مع اخر فى

1. Plus haut, p. 64, 316.
2. B يسعى.

ديوان ابى الحسين احمد بن منير الرّقّاء[1] المتوفّى سنة ثمان واربعين وخمسمائة وهى[2] [بسيط]

وصاحبٍ لا أَمَلَّ الدهرَ صحبتَه يَسعى لنفعى وأَجْنِى ضَرَّه بيَدى
أَدْنَى الى القلب من سمعى ومن بصَرى ومن تلادى ومن مالى ومن وَلَدى
أَخْلو بهِنَّ من خالٍ بوَجْنتِه مِدادُه زائدُ التقصيرِ للمَدَدِ

والأشبهُ آنّ ابن منير اخذهما وزاد عليهما ولأسامة فى ضرس اخر [بسيط]

أَعْجِبْ بمحتجبٍ عن كلّ ذى نَظَرٍ صَحِبْتُه الدهرَ لم أَسبُرْ خلائقَه
حتّى اذا رابَنى قابلتُه فقَضَى حَياؤه وايايَ[3] أن أُفارقَه

وله[4] [سريع]

وصاحبٍ صاحَبَنى فى الصِبَى حتّى تَرَدّيتُ رداءَ المَشيبْ
لم يَبْدُ لى ستّين حولا ولا بلوتُ من أَخلاقه ما يُريبْ
أَفسده الدهرُ ومن ذا الّذى يحافظ الدهرَ بظهر المَغيبْ
منذ افترقْنا لم أُصِبْ مثلَه عُمْرى ومثلى ابدا لا يُصيبْ

1. Lecture douteuse; B الرفا; C sans ce mot.

2. 'Imâd ad-Dîn, dans Aboû Schâma, *Kitâb ar-rauḍatain*, I, p. 264, l. 19-25. La mort d'Ibn Mounîr aurait eu lieu après 550 de l'hégire (1155 de notre ère), d'après 'Imâd ad-Dîn lui-même dans la *Kharîdat al-ḳaṣr* (manuscrit 1414 de l'ancien fonds arabe), fol. 1 v°; cf. Dozy, *Catalogus*, II, p. 242. Ibn Khallikân (*Biographical Dictionary*, I, p. 141) hésite entre 547 et 548 (1152 et 1153 de notre ère).

3. Pour وايّاى; cf. Sacy, *Grammaire arabe* (2e éd.), p. 494.

4. 'Imâd ad-Dîn, *Kharîdat al-ḳaṣr*, dans les *Nouveaux mélanges orientaux*, p. 123, avec un cinquième vers.

وله[1] [كامل]

قالوا نهتْه الاربعون عن الصّبى ... واخو المَشيب يَحوم[2] ثمّتَ يهتَدى
كم حار فى ليل الشباب فدلّه ... صبحُ المشيب على الطريق الأقصد
واذا عددتَّ سِنىَّ ثمّ نقصتَها ... زمنَ الهموم فتلك ساعةُ مَوْلدى[3]

وله فى الشيب [كامل]

انا كالدُّجى لمّا تَناهى عُمْرُه ... نَشرتْ له أيدى الصباح ذَوائبَا

وله[4] [بسيط]

أُنظرْ الى لاعب الشطرنج يَجمعها ... مغالبًا ثمّ بعد الجمع يَرميهَا
كالمرء يَكدح للدنيا ويَجمعها ... حتّى اذا مات خلّاها وما فيهَا

وله الى الصالح طَلائع بن رُزّيك وزير مصر يسئله تسيير اهله الى الشام وكان الصالح بن رُزّيك يَتوقّع رجوعه الى مصر[5] [بسيط]

أُذكرْهمُ الوُدَّان صدّوا وان صَدَفُوا ... انّ الكرام اذا استعطفتَهم عَطَفُوا

1. 'Imâd ad-Dîn, *Kharîdat al-kaṣr*, dans les *Nouveaux mélanges orientaux*, p. 123-124.
2. La leçon يحوم me paraît préférable à يجوم que j'avais autrefois adopté d'après le manuscrit.
3. Vers traduit, p. 1.
4. 'Imâd ad-Dîn, *Kharîdat al-kaṣr*, dans les *Nouveaux mélanges orientaux*, p. 133. Ces deux vers sont traduits plus haut, p. 396.
5. Les vers sont inédits; le sujet auquel ils se rapportent est relaté plus haut, p. 269-270.

ولا تُرِدْ شافعـا الاّ هواك لهم   كفاك ما آختبروا منه وما كشفوا

يا جيرة القلب والفُسطاطَ دارَهمُ   لم تُصْقِبِ الدارُ لكن أَصْقَبَ الكَلَفُ

فارقتُكم مُكْرَهًـا والقلبُ يخبِرنى   أنْ ليس لى عِوَضٌ منكم ولا خَلَفُ

ولو تعوّضتُ بالدنيا غُبِنْتُ وهل   يعوضنى عن نفيس الجوهر الصَّدَفُ

ولستُ أُنكِر ما يأتى الزمـانُ به   كلّ الوَرَى لرَزايا[1] دهرِهم هَدَفُ

ولا أَسِفْتُ لامرٍ فـاتَ مَطْلَبُه   لكن لفرقةِ من فـارقتُه الأَسَفُ

المالكُ الصالحُ الهادى الّذى شهدتْ   بفضل ايّامه الأَنبـاء والصُّحُفُ

مَلْكٌ أَقَلّ عـطـاياه الغنى فاذا   أَدناك منه فأَدنى حظّك الشَّرَفُ

سعتْ الى زُهْدِه[2] الدنيا بزُخْرفها   طَوْعًا وفيها على خطابها صَلَفُ

مسهَّدٌ وعيونُ النـاس هـاجعةٌ   على التهجّد والقرانِ مُعْتَكِفُ

وتُشرِق الشمسُ من لألاءِ غُرّته   فى دَسْتِه فتكادُ الشمسُ تَنْكَسِفُ

فاجابه الصالح وكان يُجيدُ النظمَ رحمه الله[3]   [بسيط]

آدابُك الغُرّ بحرٌ ما له طَرَفُ[4]   فى كلّ جنس بدا من حُسْنه طُرَفُ

نقول لمّـا أتـانـا مـا بعثتَ به   هذا كتابٌ أتى ام روضةٌ أُنُفُ

1. B لزرايا qui signifierait : « pour les diffamations ».

2. B زهرة.

3. Réponse où mètre et rime sont avec intention conservés; voir plus haut, p. 288, note 4; 290, note 6; 294, note 3.

4 C طمفٌ; peut-être pour طنفٌ.

اذا ذَكَرْناكَ[1] مجدَ الدين[2] عاوَدَنا شوقٌ تُجَدِّدُ منه الوَجْدُ والأَسَفُ
يا من جَفانا ولو قد شاء كان الى جَنابنا دونَ اهل الأرضِ يَنْعَطِفُ[3]

ولأُسامة[4] [بسيط]

مع الثمانين عاث الضعفُ فى جسدى وساءنى ضعفُ رجلى واضطراب يدى
اذا كتبتُ فخطّى خطُّ مضطربٍ كخطّ مرتعش الكفّين مرتعدِ
فاعجبْ لضعف يدى عن حملها قلما من بعد حطم القنا فى لبّة الاسدِ
وان مشيتُ وفى كفّى العصا ثقلت رجلى كأنّى أخوض الوحل فى الجلدِ
فقُلْ لمن يتمنّى طول مدّته هذى عواقبُ طول العمر والمددِ

ولمّا قدم من حصن كيفا على صلاح الدين قال[5] [متقارب]

حمدتُ على طول عُمرى المَشيبَا وان كنتُ أكثرتُ فيه الذُّنُوبَا
لأنّى حَيِيتُ الى أن لقيتُ بعُدْ العدوّ صديقا حَبيبَا

وله [كامل]

1. B ذكرنا.
2. Madjd ad-Dîn, surnom honorifique d'Ousâma; voir plus haut, p. 47 et 383.
3. Nous n'avons qu'un fragment de cette poésie qui, d'après la marge de C, était longue.
4. Ousâma, *Autobiographie*, p. 122; *Livre du bâton*, plus haut, p. 531; traduction française, p. 357.
5. Aboû Schâma, *Kitâb ar-rauḍatain*, I, p. 264, l. 13 et 14; traduction plus haut, p. 363-364.

لا تستعر جلداً على هجرانهم فقواك تضعف عن صدود دائم
واعلم بأنّك ان رجعت اليهم طوعا والاّ عدتّ عودة راغم

وعندى له مجلّد[1] يخبر فيه بما رأى من الأهوال قال[2] حضرتُ من المصافّات والوقعات مهول أخطارها ، واصطليتُ من سعير نارها ، وباشرتُ الحرب وانا ابن خمس عشرة سنة الى ان بلغتُ مدى التسعين وصرتُ من الخوالف خدين المنزل ، وعن الحروب بمعزل ، لا أعدّ لمهمّ ، ولا أدعى لدفاع ملمّ ، بعد ما كنتُ أوّل من تثنى عليه الخناصر ، وأكبر العدد لدفع الكبائر ، أوّل من يتقدّم السنجقيّة عند حملة الأصحاب ، واخر جاذب عند الجولة لحماية الأعقاب [كامل]

كم قد شهدتّ من الحروب فليتنى فى بعضها من قبل نكسى أقتل
فالقتل أحسن بالفتى من قبل أن يفنى ويبليه الزمان وأجمل
وأبيك ماأحجمتُ عن خوض الردى فى الحرب يشهد لى بذاك المنصل
لكنّ قضاء الله أخّرنى الى أجلى الموقّت لى فما ذا أفعل

ثمّ أخذ يعدّ ما حضره من الوقعات الكبار قال فمن ذلك وقعة كانت بيننا وبين الاسماعيليّة فى قلعة شيزر لمّا وثبوا على الحصن فى سنة سبع وخمسمائة ، ووقعة كانت بين عسكر حماة وعسكر حمص فى سنة خمس وعشرين وخمسمائة ، ومصافّ

1. Ce volume d'Ousâma était évidemment un exemplaire de l'*Autobiographie*; voir plus haut, p. 405, note 1.
2. Traduction française, plus haut, p. 405-407.

على تكريت بين اتابك زنكى بن اقسنقر وبين قراجا صاحب فرس[1] فى سنة ستّ وعشرين ، ومصافّ[2] بين المسترشد بالله وبين اتابك زنكى على بغداذ فى سنة سبع وعشرين ، ومصافّ بين اتابك زنكى وبين الأُرْتُقيّة وصاحب آمد على آمد فى سنة ثمان وعشرين ، ومصافّ على رَفَنيّة بين اتابك زنكى وبين الفرنج فى سنة احدى وثلاثين ، ومصافّ على قِنَّسْرين بين اتابك وبين الفرنج لم يكن فيه لقاءٌ فى سنة اثنتين وثلاثين ، ووقعة بين المصريّين وبين رُضْوان الوَلَخْشىّ سنة اثنتين واربعين ، ووقعة بين السُّودان بمصر فى أيّام الحافظ فى سنة اربع واربعين ، ووقعة كانت بين الملك العادل بن السّلار وبين أصحاب ابن مَصال فى السنة ، ووقعه ايضا بين اصحاب العادل وبين ابن مَصال فى السنة ايضا بدَلاص ، وفتنة قُتل فيها العادل بن السّلار فى سنة ثمان واربعين ، وفتنة قُتل فيها الظافر وأخواه وابن عمّه فى سنة تسع واربعين ، وفتنة المصريّين وعبّاس بن ابى الفتوح فى السنة ، وفتنة اخرى بعد شهر حين قامت عليه الجند ، ووقعة كانت بيننا وبين الفرنج فى السنة ، ثم أخذ يَسرد عجائب ما شاهَد فى هذه الوقعات ويصف فيها شجاعته واقدامه رحمه الله ، وقد ذكره يحيى بن ابى طَىّ فى تأريخ الشيعة[3] فقال حدّثنى ابى قال اجتمعتُ به دفعات وكان اماميّا حسنَ العقيدة الاّ أنّه كان يُدارى عن مَنصبه ويُظهر التّقيّة وكان فيه خيرٌ وافر وكان يَرفد الشيعةَ ويَصل فقراءهم ويُعطى الأشرافَ وصنّف كتبا منها التأريخ البَدْرىّ

1. B et C مرس ; voir p. 406, note 3.
2. Cette bataille omise dans B.
3 Plus haut, p. 403-404; voir surtout p. 403, note 3.

جمع فيه اسماء من شهد بَدرا من الفريقين[1] وكتاب أَخبار البلدان فى مدّة عُمْره[2] وذَيَّل على خريدة القصر للباخَرْزىّ[3] وله ديوان كبير[4] ومصنَّفات توفّى ليلة الثالث والعشرين من رمضان بدمشق ودُفن بسفح قاسيُونَ عن سبع وتسعين سنة[5]

(6 B, fol. 45 v°, à l'année 589) المبارَك بن كامل بن مقلّد بن علىّ بن نصر ابن منقذ الامير سيف الدولة ابو الميمون الكنانىّ الشيزرىّ وُلد بشيزر سنة ستّ وعشرين وخمسمائة وسمع بمكّة قليلا من ابى حفص المَيّانشىّ روى عنه

1. Plus haut, p. 333.
2. Plus haut, p. 331-332.
3. Adh-Dhahabî fait évidemment confusion entre l'ouvrage de 'Imâd ad-Dîn intitulé *Kharîdat al-ḳaṣr* et qui est, comme l'anthologie présumée d'Ousâma, un supplément à la دمية القصر ، وعصرة اهل العصر « L'image du palais et le suc des contemporains », par Aboû 'l-Ḥasan 'Alî ibn Al-Ḥasan ibn 'Alî ibn Abî 'ṭ-Ṭayyib Al-Bâkharzî, assassiné à Bâkharz, chef-lieu de canton situé entre Nîsâboûr et Hérat, au milieu de l'année 1075. Sur lui, voir Yâḳoût, *Mou'djam*, I, p. 458 (Barbier de Meynard, *Dictionnaire de la Perse*, p. 74-75); Ibn Khallikân, *Biographical Dictionary*, II, p. 323-324; Ḥâdjî Khalîfa, *Lexicon bibliographicum*, III, p. 238, n° 5136; Hammer, *Literaturgeschichte der Araber*, VI, p. 595 et 871; VII, p. 1164; 1297-1298; Wüstenfeld, *Die Geschichtschreiber der Araber*, p. 70-71. Un index complet de la *Doumyat al-ḳaṣr* a été publié dans le *Catalogus* des manuscrits arabes du Musée Britannique, p. 265-271. Si l'assertion isolée d'Adh-Dhahâbî est exacte, ce serait un douzième ouvrage d'Ousâma qu'il conviendrait d'ajouter à l'énumération donnée plus haut, p. 330-339.
4. Plus haut, p. 336-338.
5. Plus haut, p. 412-413.
6. J'ai consacré une notice spéciale à Al-Moubârak; voir plus haut, p. 422-437. Aux matériaux que j'ai mis en œuvre on peut ajouter trois panégyriques en vers d'Al-Moubârak, par As-Sadîd Aboû 'l-Ḥasan 'Alî ibn Aḥmad Ibn 'Arrâm Ar-Raba'î, établi à Ouswân et qui y vivait encore en 571 de l'hégire (1175-1176 de notre ère); cf. 'Imâd ad-Dîn, *Kharîdat*

ولده الامير اسمعيل وقد ولى سيف الدولة امر الدواوين بمصر مدّة وله شعر يسير وكان مع شمس الدولة تورانشاه اخى السلطان لمّا ملك اليمن فناب فى مدينة زبيد عنه ثم رجع معه واستناب اخاه حطّان فلمّا مات شمس الدولة حبسه السلطان لأنّه بلغه أنّه قتل باليمن جماعة واخذ اموالهم فصادره وضيّق عليه واخذ منه مائة الف دينار وذلك فى سنة سبع وسبعين ولمّا توجّه سيف الاسلام طغتكين الى اليمن تحصّن الامير حطّان فى قلعة وعصى فخدعه سيف الاسلام حتى نزل اليه فاستصفى امواله وسجنه ثم اعدمه وقيل أنّه اخذ منه سبعين غلاف زرديّة مملوّا ذهبا توفّى سيف الدولة فى رمضان بالقاهرة

([1] B, fol. 126 v°, à l'année 600) عبد الرحمن بن محمّد بن مرشد بن علىّ ابن منقذ الامير الكبير شمس الدولة ابو الحرث بن الامير نجم الدولة الكنانىّ الشيزرىّ وُلد بشيزر سنة ثلاث وعشرين وخمسمائة وسمع بالثغر من ابى طاهر السّلفىّ وهو الذى وجّهه صلاح الدين فى الرّسليّة الى صاحب المغرب وكان اديبا عالما نبيلا شاعرا محسنا مترسّلا من بيت الشجاعة والامرة

([2] B, fol. 205 v°, à l'année 613) مرهف بن أسامة بن مرشد بن على ابن مقلّد بن نصر بن منقذ الامير العالم مقدّم الامراء جمال الرؤساء عضد الدولة ابو الفوارس بن الامير الكبير مؤيّد الدولة ابى المظفّر الكنانىّ الكلبىّ

al-ḳaṣr (manuscrit 1374 de l'ancien fonds arabe), fol. 166 v°-167 r°; 170 v°; 173 r° et v°; Dozy, *Catalogus*, II, p. 270.

1. Ma notice sur 'Abd ar-Rahmân s'étend de la page 444 à la page 465.
2. J'ai parlé de Mourhaf plus haut, p. 415-421; p. 464, note 2.

الشيزرىّ احد الامراء المصريّين وُلد بشيزر فى سنة عشرين وخمسمائة وسمع من ابيه روى عنه الزّكىّ المُنذِرىّ والشهاب القُوصىّ وكان مُسِنّا معمّرا شاعرا كوالده وقد جمع من الكتب شيئا كثيرا وكان مليح المحاضرة توفّى رحمه الله فى ثانى صفر

APPENDICE

LA RHÉTORIQUE D'OUSÂMA

Mon volume était terminé, lorsque, après une longue attente, j'ai enfin reçu de Berlin le manuscrit 134 de la seconde collection Wetzstein, contenant la Rhétorique d'Ousâma[1]. Avec les longues stations de la voie diplomatique, il avait mis plus de quatre mois à parcourir la distance entre le prêteur, la Bibliothèque royale de Berlin, que je remercie de m'avoir consenti cette communication, et l'emprunteur, la Bibliothèque nationale de Paris, où j'ai été autorisé à travailler, même pendant les vacances de Pâques, alors qu'elle est fermée au public.

Pour grand que fût mon désir de ne point retarder cette publication si longtemps ajournée, je n'ai pas su résister au désir de faire connaître, au moins par quelques fragments, l'ouvrage si gracieusement mis à ma disposition. Ces extraits auraient dû occuper la première place parmi mes Textes arabes inédits. Ils ont été rejetés bien loin d'eux, comme un supplément inespéré; ils s'ajoutent à la *Vie d'Ousâma*, comme un appendice qui y a pénétré par effraction entre l'Index alphabétique et la Table des matières.

Le manuscrit de Berlin, auquel j'ai emprunté sept des quatre-vingt-quinze chapitres dont se compose la Rhétorique d'Ousâma, mesure $0^{m},17$ de hauteur sur $0^{m},16$ de largeur. Il comprend

1. Plus haut, p. 330-331.

219 feuillets, dont 20 d'une main plus moderne, pris sur un autre exemplaire et destinés à combler les lacunes du manuscrit principal. C'est à ceux-ci que se rapporte la date donnée dans la souscription : premier tiers de ramaḍân 1170 (fin de mai 1757). Le reste a été écrit avec beaucoup de soin et de compétence, sagement et largement vocalisé, vers 1550 de notre ère, d'après les indices du papier, de l'encre et de la paléographie. Chaque page à neuf lignes très espacées.

Voici la liste complète des chapitres. On jugera de leur étendue si arbitrairement inégale par l'indication des feuillets du manuscrit, où commence chacun d'eux. A une courte doxologie[2] et à la préface concise sur les devanciers de l'auteur, qui a été publiée antérieurement , succèdent la table des chapitres (fol. 1 r°-4 v°), puis les chapitres eux-mêmes dans l'ordre suivant :

I باب التجنيس المغاير باب اجناس التجنيس, fol. 5 r°; II باب التجنيس المماثل, fol. 6 v°; III باب تجنيس التصحيف, fol. 8 v°; IV باب تجنيس التحريف, fol. 10 v°; V باب تجنيس التصريف, fol. 12 v°; VI باب تجنيس الترجيع, fol. 16 r°; VII باب تجنيس العكس, fol. 20 r°; VIII باب

1. Le commencement de la doxologie est conforme à ce qui a été imprimé, d'après la rédaction abrégée conservée à Leyde, d'abord par M. Dozy, *Catalogus codicum orientalium Bibliothecæ Academiæ Lugduno-Batavæ*, I (1851), p. 123; puis par M. J. de Goeje et M. Th. Houtsma dans la seconde édition du même *Catalogus*, I (1888), p. 152.

2. Page 331, première colonne de notes. Chacun aura corrigé de lui-même (l. 4 et 7) les lettres cassées de الشعر et المعتزّ. Ajoutons que, pour la ligne 8, le manuscrit porte وكتاب الحاكى والعاطل; je proposerais de lire كتاب الحالى والعاطل « Livre intitulé : L'orné et le simple », n'était la lecture الحالى, certaine dans Ḥâdji Khalifa, *Lexicon bibliographicum*, V, p. 79, n° 10084.

باب التكريب تجنيس, fol. 22 v°; IX باب طبقات التطبيق, fol. 25 r°[1]; X باب الترديد ويسمّى الاستعارة, fol. 29 r°; XI باب العكس, fol. 33 v°; XII باب الاحتراس التصدير, fol. 38 v°[2]; XIII باب التتميم, fol. 39 v°; XIV باب التعليق والادماج, fol. 41 v°; XV باب التنكيت, fol. 42 v°; XVI باب التعليق والادماج, fol. 44 v°; XVII باب التورية, fol. 47 r°; XVIII باب التقسيم, fol. 47 v°; XIX باب التجزية, fol. 49 v°; XX باب التطريز, fol. 50 v°; XXI باب التفسير, fol. 57 r°; XXII باب الاستطراد, fol. 59 v°; XXIII باب الاستخدام, fol. 64 v°; XXIV باب الاغراق, fol. 66 v°; XXV باب التوهيم, fol. 68 v°; XXVI باب الاتّفاق والاطّراد, fol. 69 v°; XXVII باب التوشيح, fol. 71 r°; XXVIII باب التشعيب, fol. 72 v°; XXIX باب التجاهل, fol. 74 r°; XXX باب الكناية والاشارة, fol. 79 v°; XXXI باب المبالغة, fol. 84 r°[3]; XXXII باب الازدواج, fol. 89 v°; XXXIII باب الترصيع, fol. 93 v°[4]; XXXIV باب الرجوع والاستثناء, fol. 96 v°; XXXV باب النفي والجحود, fol. 99 r°; XXXVI باب التذييل, fol. 100 v°; XXXVII باب التسهيم, fol. 102 v°; XXXVIII باب المقابلة والتشطير, fol. 103 v°[5]; XXXIX باب التطريف, fol. 104 v°; XL باب الاعتراض, fol. 105 r°; XLI باب الانسجام, fol. 106 v°; XLII باب الاغراب, fol. 107 r°; XLIII باب الظرافة والسهولة, fol. 108 v°[6]; XLIV باب الاقسام, fol. 114 r°; XLV باب الغلط, fol. 115 r°; XLVI باب الحشو, fol. 116 v°; XLVII

1. La table des matières porte باب التطبيق.
2. La table porte باب التصدير.
3. On lit dans la table باب التبليع, c'est-à-dire باب التبليغ.
4. Chapitre omis dans la table.
5. Table : باب التشطير.
6. Table : باب السهولة.

باب التفريط, fol. 119 r°; XLVIII باب الفساد, fol. 121 r°; XLIX باب المعارضة والمناقضة, fol. 125 v°; L باب التضييق والتوسيع والمساواة, fol. 127 v°; LI باب التهجين, fol. 129 r°; LII باب الالتجاء والمعاظلة, fol. 131 r°; LIII باب النادر والبارد, fol. 132 r°; LIV باب الرشاقة والجهامة, fol. 133 r°; LV باب الفلّك والسبك, fol. 134 v°; LVI باب التكلّف والتعسّف, fol. 135 v°; LVII باب الرذالة والجزالة, fol. 136 r°; LVIII باب القوّة والركاكة, fol. 136 v°; LIX باب المخالفة, fol. 137 v°; LX باب الطاعة والعصيان, fol. 146 v°; LXI باب التناقض, fol. 147 r°; LXII باب القلب, fol. 148 r°; LXIII باب العَبث, fol. 148 v°; LXIV باب التثليم, fol. 149 v°; LXV باب العسف والتخليط, fol. 150 v°[1]; LXVI باب الاسهاب والاطناب, fol. 152 r°; LXVII باب الانتكاث والتراجع, fol. 153 r°; LXVIII باب السرقات المحمودة والمذمومة منها نقل الطويل الى القصير, fol. 154 r°[2]; LXIX باب نقل اللفظ اليسير الى الكثير, fol. 155 v°[3]; LXX باب نقل الرذل الى الجزل, fol. 156 v°; LXXI باب نقل الجزل الى الجزل, fol. 157 r°; LXXII باب نقل الجزل الى الرذل, fol. 159 r°; LXXIII باب الهدم, fol. 159 v°; LXXIV باب التكرير, fol. 161 r°; LXXV باب المساواة, fol. 163 v°; LXXVI باب الانصراف, fol. 169 v°; LXXVII باب الالتقاط, fol. 170 r°; LXXVIII باب رجحان المسبوق على السابق, fol. 171 r°; LXXIX باب فضل السابق على المسبوق, fol. 171 v°[4]; LXXX باب التثقيل والتخفيف, fol. 172 r°; LXXXI باب التقصير, fol. 172 v°; LXXXII باب النقل, fol. 173 r°; LXXXIII

1. Ainsi dans la table ; le texte donne pour titre seulement باب العسف.
2. Table : باب نقل الطويل الى القصير.
3. Table : باب نقل القصير الى الطويل.
4. Titre omis dans la table.

باب الحذو, fol. 180 r°; LXXXIV باب الكشف, fol. 180 v°; LXXXV باب التوارد, fol. 182 r°; LXXXVI باب السابق واللاحق والتداول والتناول fol. 183 v°[1]; LXXXVII باب التضمين, fol. 186 v°; LXXXVIII باب الحلّ والعقد, fol. 188 r°; LXXXIX باب التفقير, fol. 208 r°; XC باب التلطّف والتولّد, fol. 208 v°[2]; XCI باب المبادى والمطالع, fol. 209 r°; XCII باب الاواخر والمقاطع, fol. 210 r°; XCIII باب التخلّص والخروج, fol. 211 r°; XCIV باب التعليم والترسيم, fol. 211 v°; XCV باب التهذيب والترتيب, fol. 214 v°. Cette nomenclature des termes techniques, expliqués par Ousâma avec une grande richesse d'exemples poétiques à l'appui, complétera, ce semble, sur plus d'un point la liste alphabétique du *Taʿrîfât* et le vocabulaire dressé avec une parfaite compétence par M. Mehren[3].

La Rhétorique d'Ousâma avait échappé aux investigations heureuses de M. Mehren, bien que, dès 1851, elle eût été signalée par M. Dozy[4], qui, « pour mettre à même le lecteur de juger le caractère du livre », a publié comme spécimen le premier chapitre de l'abrégé conservé à Leyde. Les nouveaux éditeurs du catalogue, MM. J. de Goeje et Th. Houtsma, ont reproduit ce même passage[5]. La comparaison du texte complet avec le texte écourté démontre ce que je prouverai dans une note par un argument parallèle, que les coupures pratiquées ont enlevé environ la moitié de l'ouvrage. Les citations du Coran semblent avoir été tout particulièrement l'objet d'une exclusion systématique. Quant à l'exemplaire de la rédaction primitive, qui se

1. Table : باب التداول والتناول.

2. Table : باب التلطّف والتوليد.

3. A. F. Mehren, *Die Rhetorik der Araber* (Kopenhagen, 1853), p. 229-256.

4. Dozy, *Catalogus*, I, p. 123-124.

5. J. de Goeje et Th. Houtsma, *Catalogus*, I, p. 152-153.

trouve au Caire et duquel émane peut-être celui de Berlin, je me contente de renvoyer à ce que j'en ai dit précédemment[1].

J'ai choisi, afin de donner une idée exacte de la marche suivie, du système adopté, de l'érudition déployée par Ousâma, les chapitres IV, VIII, XXVII, XXXIX, LIX, LXVIII et LXIX de son manuel. La brièveté de XXXIX me l'a fait insérer pour montrer le vice de la composition. Pour le reste, tous les chapitres, arbitrairement courts ou longs, présentent un même caractère : jamais philosophe ne sut se soustraire à l'influence de l'air ambiant pour respirer dans une atmosphère factice au même degré que notre rhétoricien oublieux de son passé, fermant les yeux à ses misères présentes, indifférent pour ce que lui réserve son avenir. Sa personnalité remuante s'est dérobée pour aboutir à l'étude calme des procédés, des formes et des règles de la poésie, devenue pour lui non plus un art, mais une science. En dépit du titre que le copiste a mis en tête, « l'Original sur le style original », rien ne dénote une tentative individuelle dans ce recueil de définitions claires, accompagnés d'exemples puisés aux sources poétiques les plus pures. Ce luxe de citations pourrait lui-même être revendiqué par les spécialistes antérieurs, consultés avec profit et énumérés dans la préface, auxquels est reconnu « le mérite d'avoir innové », tandis que l'auteur ne réclame pour lui que « le mérite d'avoir marché à leur suite ».

Et, comme Ousâma ne fait rien à demi, ni dans l'orgueil, ni dans la modestie, il s'efface avec un renoncement si absolu, il se renferme dans son rôle de compilateur avec une résignation si entière qu'il disparaît de son œuvre et qu'il ne s'y manifeste, ni par une allusion à un événement de sa vie, ni par un vers détaché d'une de ses poésies. Si sa Rhétorique nous était parvenue sans titre et sans nom d'auteur, nous n'aurions pas réussi à soulever pour elle le voile de l'anonymat. Son identité n'au-

1. Plus haut, p. 331, et note 1 de cette même page.

rait pu être reconnue d'après aucun indice. Nous n'aurions pu deviner que la date approximative, le grand-père d'Ousâma, 'Izz ad-Daula Sadîd al-Moulk 'Alî, ayant été admis à figurer parmi les poètes d'après lesquels ont été fixées les lois de la rhétorique. Et encore, s'il est allégué, ce n'est point que l'auteur essaie de se faire valoir par le renom de son ancêtre. Il ne dit mot de leur parenté. Il ne l'appelle pas le Mounkidhite, mais « l'émir supérieur » [1], ou plus brièvement « l'émir » [2].

Les contemporains d'Ousâma ne sont pas mieux partagés dans ses choix. Il les tient en suspicion et leur préfère les anciens, les classiques. Il ne condamne ceux qu'il ne cite pas que par leur exclusion. Je crois seulement reconnaître son professeur Ibn Al-Mounîra [3] sous la désignation énigmatique du « maître » (*al-oustâdh*) [4], sans prénom, sans nom et sans surnom, ethnique ou honorifique. Ce parti-pris évident de passer sous silence les meilleurs entre les hommes de son temps semble révéler chez Ousâma l'arrière-pensée de laisser circuler son traité de rhétorique sans certificat d'origine. L'émir de Schaizar avait-il cru se ravaler en descendant à l'exposé de détails étrangers à sa réputation comme chevalier de sa race et de sa famille [5] et, si je puis ainsi parler, comme diplomate autorisé ? Qu'il ait voulu se dissimuler sous des apparences discrètes, ou qu'il ait, tout en ayant pour son livre des entrailles attendries, affecté de s'en désintéresser, que son fils Mourhaf ait trahi le secret si bien gardé par le contenu de l'œuvre paternelle, on s'étonnera de ce personnage à la physionomie mobile et fuyante, aux maîtrises égales dans les genres les plus opposés avec l'épée et avec le kalam, aux talents naturels et acquis réunis

1. Plus bas, p. 699.
2. Plus bas, p. 706, 710 et 722.
3. Plus haut, p. 50-53.
4. Manuscrit de Berlin, fol. 57 v°, 61 v°.
5. Plus haut, p. 62.

par un rare privilège chez un seul homme, à l'esprit si souple et si ouvert de toutes parts, à la nature d'élite, où se reflétaient les qualités et les défauts, où dominaient les supériorités de sa famille, de son pays et de son époque.

Paris, ce 22 mars 1893.

---

٤ باب تجنيس التحريف (Fol. 10 v°)

اعلم انّ تجنيس التحريف[1] هو ان يكون الشَّكْلُ فَرْقا بين الكلمتين مثل

قوله [كامل]

أَحْبابَنا ما بين فُرْ قتكم وبين الموت فَرْقُ
جازيتمونا فى فَعا لكم بما لا نَستحقّ
أَفنيتمُ العَبَرات فَأَبْقُوا وملكتمُ رِقّى فرِقُّوا

وممّا يُنسَب الى الأمير الأجلّ سديد المُلْك[2] رحمه الله [كامل]

أَمْضَى من البِيض[3] الرِّقاق لَواحظُ البِيض الرِّقاق
ونَوافذُ السُّمْر[4] الدِّقاق نَوافذُ السُّمْر الدِّقاق
هذان فى يوم اللِّقا هذان فى يوم التَّلاقى[5]

1. *Definitiones* viri meritissimi Sejjid Scherif Ali ben Mohammed Dschordscháni. Primum edidit G. Flügel (Lipsiæ, 1845), p. 54.

2. 'Izz ad-Daula Sadîd al-Moulk Aboû 'l-Ḥasan 'Alî, le grand-père d'Ousâma; cf. plus haut, p. 697.

3. Manuscrit en marge : الاول السيوف.

4. Manuscrit en marge : الاول الرماح.

5. Manuscrit : التلاق.

أَحبابَنا لى فيكمُ رُوحٌ تُساقُ الى السِّياقِ
رِفْقًا[1] بها ان كنتمُ مِمَّن يَرى حقَّ الرِّفاقِ[2]

وقال اخَر [طويل]

أَأَنتم زعمتم أنّنى غيرُ عاشق وأَنّى لا أَعْبا ببينِ مُفارقِ
فلِمْ قُرِحَتْ يومَ الوَداع مدامعى ولِمْ شابَ فى يوم الفِراق مَفارقى

وقال بعضُ العرب وقد مات ولدُه اللهمّ انّى مُسْلِمٌ مُسَلِّمٌ وقال بعض الشعراء وقد ليم على ترك الشعر فقال اللّهَى تَفتح اللّهَى ومنه للقاضى ابى سعيد رحمه الله [كامل]

قَلْبٌ وقَلْبٌ فى يديْك مُعَذَّبٌ ومُنَعَّمُ
ظَمآنُ يَطلب قَطْرةً تَشفى صَداه ومُفْعَمُ

وللبحتُرِىّ [خفيف]

سَقَمٌ دونَ أَعيُنٍ ذاتِ سُقْمٍ وعَذابٌ دونَ الثَّنايا العِذابِ

ومنه [هزج]

لئن سلّمنى اللّهُ وبالصُّنع تَوَلاّنى
وأَوطانى أَوطانى وأَعطانى أَعطانى

1. Manuscrit au-dessus : من الرفق.
2. Manuscrit au-dessus : من الرفقة.

وأَخلى ذُرْعَى الدهرُ وخَلّانى وخُلّانى

فلا عُدتُّ الى الغُرْبَــة ماكَرّا الجَديدان

فان عُدتُّ لها يوما فسَجّانى سَجّانى

وللموت الوَحِىّ الأَحْـمَر القانئ ٱلْقانى

٨ باب تجنيس التركيب (Fol. 22 v°)

اعلم انّ تجنيس التركيب[1] هو أنّ الكلمة مركّبة من كلمتين كما قال الشيخ ابو العلاء[2] [كامل]

البابليّةُ بابُ كلّ بليّة فتوقَّيَنَّ دخولَ ذاك الباب

ولبعضهم وهو من المُعجِز الذى ليس مثله [سريع]

ان تُلْقِكَ الغُرْبةُ فى مَعْشَرٍ تَضافروا[3] فيك على بغضهمْ

فدارِهم ما دمتَ فى دارهم وأَرْضِهم ما دمتَ فى ارضِهمْ

وأنشدنى الفقيه ابو السمح رحمه الله[4] [كامل]

اِصْرِفْ بسمعك عن صَدَى مُتَسَمْعِلٍ وٱبرأْ بوهمك عن رَدَى مُتَبَرْهِمِ[5]

1. Mehren, *Die Rhetorik der Araber* (Leipzig, 1853), p. 155-156.
2. Plus haut, p. 511 ; 582, note 3.
3. Manuscrit en marge : تظافروا بالظاء اخت.
4. Aboû 's-Samḥ Ibrâhîm Al-Ḥanafî avait été le précepteur de Soulṭân, oncle d'Ousâma; voir plus haut, p. 564.
5. Dénominatifs inconnus des lexicographes, tirés des noms propres Ismâ'îl (Ismaël) et Ibrâhîm (Abraham).

مَا دَرَّ هَمَّ فَتًى وَضَرَّ أَذِيَتَه   الّا لدينارٍ يَضُرُّ ودِرْهَمِ

وقال بعض الصالحين انما سُمّى الدينار دينارا لانّه دينٌ ونارٌ اى تَصِلُ[1] به اليهما وانما سُمّى الدرهم درهما لانّه يُدِرُّ الهمَّ وهذا يُشبِه قولَ بعض المفسّرين أنّ معنى اسم ابرهيم لانه شَفَى الكفّارَ من مرض الكُفْر ومعنى اسم محمّد عليه السلام لانه مَحَّ الكُفْرَ اى ازاله ومَدّ الايمان اى بسّطه   وتقول العرب مَحَّ رسمُ الدار اى عفى واندرس   وشعرُ ابى الفتح البُسْتّى اكثرُه من هذا الباب[2] وقد تبعه الناس فى ذلك فقال شاعرنا احمد بن يعقوب   [بسيط]

وأَهْيَفَ الخَصْر مثلِ الليل طُرّتُه   وصُدْغُه خَزَرِيّ الجنس أَولانى
أَولَيتُ وَصْلاً فأَولانى قطيعتَه   بئس الجزاءُ بما أَولَيتُ أَولانى

ولغيره   [خفيف]

ومُعانٍ قَتْلَ النفوس مُعانِ   قد رمى قدرَ ما أَصاب جَنانى
ناظراه فيما جنى ناظراه   أَودعانى أَمُتْ بما أَودعانى
أَوصلانى الى المُنَى أَوصلانى   بالأَمانى التى تُبيد الأَمانى

للصّوريّ[3]   [خفيف]

1. Manuscrit : يصلُ.

2. Mehren, *Die Rhetorik der Araber*, p. 155.

3. C'est-à-dire ʿAbd al-Mouḥsin ibn Moḥammad Ibn Galboûn Aṣ-Ṣoûrî, mort en schawwâl 419 (octobre 1028), sur lequel on peut consulter Ath-Thaʿâlibî, *Yatîmat ad-dahr* (éd. de Damas), I, p. 225-237; Ibn Khalli-

تَرَكَ الظاعنون صدرى بلا قَلْبٍ وعَيْنِى عَيْنًا من الهَمَلانِ
واذا لم تَفِضْ دمًا سُحْبُ أَجفانى على اثرهم فما أَجفانى
ووراءَ الحمول أَحسنُ خلقِ اللّه خلقًا عارٍ من الاحسانِ
حَلَّ فى ناظرى فلو فتشوه كان ذاك الانسانُ فى الانسانِ

ولغيره [سريع]

يَنامُ من يُضمِر غيرَ الهوى وتَلتقى الأَجفانُ[1] أَجفانا

وجيهُ الدولة [خفيف]

انّ أَسيافنا القِصارَ الدّوامى صيّرتْ مُلْكَنا قَرينَ الدّوامِ
باقتسام الأموال من وقتِ سامٍ واقتحام الأهوال من وقت حامِ

ومنه [كامل]

يا مَن تُدلُّ بمُقلةٍ وأَنامِلٍ من عَنْدَمِ
كُفِّى جُعلتُ لكِ الفدا ءَ لحاظَ جفنكِ عن دَمِى

ومنه [هزج]

لئن ساءنى الدهرُ وخُلّانى وخَلّانى

kân, *Biographical Dictionary*, II, p. 176-179; Hammer, *Literaturgeschichte der Araber*, V, p. 763-768 et 853.

1. Manuscrit : أجفانُ.

وأَوطـانىَ أَوطـانى وأَعطـانى أَعـطـانى
فلا عُدتُّ الى الـغُرْبـــة ما كرّا الجـديدان[1]

ومنه [طويل]

رأيتُكَ تَكوينى بِميسَمِ ذِلّة كأنّك قد أَصبحت عِلّةَ تكوينى
وتَلوينىَ الحــقَّ الذى انا اهلُه وتَخرج فى امرى الى كلّ تلوين
فَهْلا ولا تَمْنُنْ علىّ فبُلْغــةٌ[2] من العَيْش تَكفينى الى يومِ تكفينى

ومنه [كامل]

بأَبى غزالٌ نامَ عن وَصَبى به وسُجومِ دمعى فى الهوى وصَبيبه
يا لَيْتَـه يَحنو على وَلَـهى به وخفوقِ قلبى نحوَه ولَـهيبــه

٢٧ باب التوشيح (Fol. 71 v°)

اعلم انّ التوشيح هو ان تريد الشىء فتعبّر عنه عبارةً حسنة وان كانت أَطْوَلَ منه كما قال ابن المعتزّ [منسرح]

وأَذْرِيونٍ أتـاك فى طَبَقِـهْ كالمِسْك فى ريحه وفى عَبَقِـهْ
قد نَفَضَ العاشقون مـا صَبَغَ الــهَجْرُ بـأَلوانهم على وَرَقِـهْ

فانّ البيت موضوع على أنّه اصفر وقولُ المتنبّى [طويل]

1. Ces vers sont déjà cités plus haut, p. 700-701.
2. Manuscrit : على فبلغه.

بلادٌ اذا زار الحِسانَ بغيرها حَصَى تُربِها ثقّبنَه للمَخانقِ

فانّ البيت كلّه عبارة عن شَبَه الحَصَى بالدُّرّ وقد أحسن المَنازىّ[1] فى اتّباعه [وافر]

وقانا لفحةَ الرَّمْضاءِ رَوْضٌ سقاه مُضاعَفُ الغيثِ العَميمِ
حللنا دَوْحَه فحَنا علينا حُنُوَّ الوالداتِ على اليتيمِ
وأرشفنا على ظمأ زُلالاً ألذَّ من المُدامةِ للنديمِ
نُبارِى الشمسَ أنّى واجهتنا فتحجبها وتأذنُ للنسيمِ
يروع حصاه حاليةَ العَذارَى فتلمسُ جانبَ العقدِ النظيمِ

وهذا مأخوذ من قول الرَّفّاء[2] [بسيط]

1. Les mêmes vers, avec des variantes, sont cités par Ibn Khallikân dans la biographie de leur auteur; voir le texte arabe publié par Slane, I (un.), p. 65; traduction anglaise, I, p. 127; cf. aussi Aboû 'l-Fidâ, *Annales moslemici*, III, p. 124-127.

2. C'est ainsi qu'Ousâma, dans sa Rhétorique, désigne le poète de Mausil As-Sarî ibn Aḥmad, surnommé *Ar-Raffâ'* « le rapiéceur », mort vers 364 de l'hégire (974-975 de notre ère); cf. dans le manuscrit, fol. 162 r°; 178 r° et v°; 179 r° et v°; 208 v°. Sur As-Sarî, voir son *dîwân* conservé dans le manuscrit 1383 de l'ancien fonds arabe; Ath-Tha'âlibî, *Yatîmat ad-dahr* (éd. de Damas), I, p. 450-507 (notre vers à la p. 491); Ibn Khallikân, *Biographical Dictionary*, I, p. 557-559; Hammer, *Literaturgeschichte der Araber*, V, p. 744-748; VII, p. 1223-1224. C'est aussi par l'épithète الرفّاء que 'Imâd ad-Dîn Al-Kâtib, dans un passage cité plus haut, p. 597, l. 1, caractérise son contemporain Aboû 'l-Ḥosain Aḥmad Ibn Mounîr « le rapiéceur », et c'est ainsi qu'il convient de rectifier le texte de ce passage. Le blâme qu'implique ce sobriquet semble avoir été mérité par un poète qui manquait de scrupules dans ses emprunts à ses devanciers. C'est là du moins une accusation que 'Imâd ad-Dîn (manuscrit 1414 de l'ancien fonds arabe, fol. 1 v°) dit avoir

يُريك من شَرَف الألفاظ منطقُه   دُرَّ العقود غدتْ محلولة العُقَد

وللامير سديد المُلْك رحمه الله[1]   [طويل]

جزى الله نَصْرا[2] خيرَ ما جُزِيَتْ به   رجالٌ قضَوْا فَرْضَ العُلَى وتَنَفَّلوا
هو الوَلَدُ البَرُّ اللطيف فان رَمَى   به حادثٌ فهْو الحُسام المعجَّل

ومنه لغيره   [منسرح]

طاف براحٍ كأنّ ريحتَها   صادرةٌ عن رياح أنْفاسه
بَدْرُ تمامٍ كأنّ وَجْنته   قد نَفَضتْ صِبْغها على كاسه

ومنه   [منسرح]

وشمس راحٍ يُديرها قَمَرٌ   شاهدُه فتْنةٌ وغائبُه
أقبَلَ فى كفّه مُشَعْشَعةٌ   عائبُها كاذبٌ وعائبُه
تحت ظلامٍ كأنّما نفضتْ   عليه اصباغَها ذوائبُه

ومنه   [طويل]

entendu porter contre Ibn Mounir à Damas en 571 de l'hégire (1175-1176 de notre ère) par l'émir Mou'ayyad ad-Dîn (*sic*) Ousâma Ibn Mounkidh.

1. L'émir 'Izz ad Daula Sadîd al Moulk Aboû 'l-Ḥasan 'Alî, le grand-père d'Ousâma, comme déjà p. 699, l. 7.

2. Il s'agit de 'Izz ad-Daula Aboû 'l-Mourhaf Naṣr, fils et successeur de 'Alî (plus haut, p. 27-31), oncle d'Ousâma.

وليل حكى فرع الحبيب وصدّه   نفى النوم عنّى فيه طيف خياله
الى آن بدا ضوء الصّباح كانّما   تجلّى لنا عن صدّه بوصاله

٣٩ باب التطريف (Fol. 104 v°)

اعلم أنّ التطريف[1] هو ان تكون الكلمة مجالسةً لما قبلها ولما بعدها او مطابقة او متعلّقة بها بسبب من الاسباب مثل قول ابى تمّام [بسيط]

السيف أصدق انباءً من الكتب   فى حدّه الحدّ بين الجدّ واللعب

٥٩ باب المخالفة (Fol. 137 v°)

اعلم انّ المخالفة هو الخروج عن مذهب الشعراء فى أشعارهم وتركُ الاقتفاء لآثارهم مثل قول نُصَيْب [كامل]

طرقتك صائدةُ القلوب وليس ذا   وقتُ الزيارة فارجعى بسلامِ

وليس من المعهود ردّ المحبوب على عقبه اذا زار محبّه   ومثل قول ابن قيس[2] [خفيف]

تجعل النّدّ والألوّة والمسـك صلاءً لها على الكانون

ومعلومٌ أنّ الزنج على نتن رائحتهم لو تطيّبوا ببعض هذا الطّيب لطابت رائحتهم

1. *Definitiones*, p. 234; Sacy, *Chrestomathie arabe* (2e éd.), III, p. 145.
2. Al-Moubarrad, *Kâmil* (éd. Wright), p. 169.

وانما الحَسَنُ الجيّد قول امرئ القيس[1] [طويل]

الم تَرَيانى كلّما جئتُ طارقا وجدتُّ بها طِيبًا وان لم تَطَيَّبِ

ومن ذلك قوله [طويل]

أَغَرَّكِ منّى أنّ حُبّكِ قاتلى وأنّكِ مَهْما تأمُرِى القلبَ يَفعَلِ

وهذا اللفظُ جافٍ لانّه توعّد والمُحِبُّ لا يَتوعّد حبيبَه وكذلك قوله [طويل]

وان تَكُ قد ساءتْكِ منّى خَليقةٌ فسُلّى ثيابى من ثيابكِ تَنْسُلِ

لانّ المُحِبّ لا يُخبّر حبيبَه بين فراقه وبين وصاله ومن ذلك قول كُثَيّرٍ [وافر]

وما زالت رُقاكِ تَسُلّ ضِغْنى وتُخرِج من مَكامنها ضِبابى
ويَرقينى لكِ الراقون حتّى أَجابتْ حَيّةٌ تحت الحِجابِ

والمعهودُ مِن عُرْف العادةِ أنّ المَلِك يُتودّد اليه ولا يَتودّد[2] الى غيره وانما الجيّد قوله[3] [طويل]

له هِمَمٌ لا مُنْتَهَى لكِبارها وهمّته الصغرى أَجلُّ من الدهرِ

1. Slane, *Le dîwân d'Amro 'lkaïs*, p. 23 du texte; Arnold, *Septem mo'allakât*, p. 9 et 10; Ahlwardt *The Divans of the six ancient Arabic poets*, p. 116, 147 du texte, 55 et 73 de l'annotation.

2. Manuscrit : يُتودد

3. Ibn Aṭ-Ṭiḳṭaḳâ, *Al-Fakhrî* (éd. Ahlwardt), p. 11; deuxième édition, sous presse, par Hartwig Derenbourg, p. 11.

له راحةٌ لو أنّ مِعْشار عُشْرهـا على البرّ كان البرّ أَنْدَى من البحرِ

ومن ذلك قول سُحَيْم [طويل]

رآهنّ ربّى مثلَ ما قد وَرَيْنَنى وأَحْمَى على أَكبادهنّ المكاوِيَا

لانّ المُحِبّ لا يَدعو على حبيبه ومنه قول كُثَيِّر [طويل]

الا ليتنـا يا عَزَّ من غير رِيبةٍ بَعيرانِ نَرْعَى فى الخَلاء ونَعْرُبُ
يطرِّدُنا الرُّعْيـانُ عن كلّ تلعةٍ فلا عيشُنا يَصفو ولا الموتُ يَقْرُبُ

يقال أنّ عَزّةَ لمّا سمعت ذلك قالت لقد تمنّيتَ لنا الشّفاء الطويل وأَحسنُ منه قول الاخَر [طويل]

علقتُ بلَيْلَى وهى ذاتُ مُوَصَّدٍ ولم يَبْدُ للأَتراب من ثَدْيها حَجْمُ
صَغِيرَيْنِ نَرْعَى البَهْمَ يا ليت أنّنـا الى اليوم لم يَكْبر ولم تَكبر البَهْمُ

وقول عمرو بن ابى ربيعة [منسرح]

قـالت لهـا قـد غمزتُه فأَبَى ثمّ استطارت تَشتدّ فى أَثَرِى

هذا خلاف العادة والمعروف ان يَتبع المُحِبُّ المحبوبةَ والبيت بضدّ ذلك ومنه قول الاخر [رمل]

واذا تُلْسِنُنى أَلْسُنُهـا انّنى لستُ بمرهوبٍ قَفِرْ

وهذا غير ما طُبع عليه طباعُ المُحبّين من السكون وانقطاع الكلام عند رؤيتهم كما قال [منسرح]

لى حُجَجٌ فى مَغيبه فاذا رأتْه عينى تمزّقتْ حُجَجِى

وقول الاخر [بسيط]

أُقِرّ بالذنب منّى لستُ أَعرِفُه كَيْما أَقول كما قالت فتّتفقُ

ولابى صَخْر [طويل]

وما هو الّا أن أراها فُجاءةً فأُبهتُ لا عُرْفٌ لدىَّ ولا نُكْرُ
وأَنْسى الّذى قد كنتُ فيه هجرْتُها كما قد تُنسّى لُبَّ شاربها الخَمْرُ

وقول الاخر [طويل]

وما هو الّا أن أراها فُجاءةً فأُبهَتُ حتّى ما أَكادُ أُجيبُ

وقول الامير سديد الملك رحمه الله[1] [بسيط]

يَجْنى ويعرف ما يَجْنى فأُنكِره ويَدّعى أنّه الحُسْنَى فأَعترفُ

1. L'émir 'Izz ad-Daula Sadîd al-Moulk 'Alî, le grand-père d'Ousâma, voir plus haut, p. 699 et 706. Ces deux vers, qui se trouvent au fol. 140 r° du manuscrit de Berlin, sont cités au fol. 55 v° dans l'Abrégé de Leyde. Les pages y étant sinon plus grandes, du moins plus remplies, l'extrait semble contenir environ la moitié de l'ouvrage original, comme je l'ai dit plus haut, p. 695.

وكم مقامٍ لِمـا يُرضيك قمتُ على جمْرِ الغَضا وهْو عندى رَوْضةٌ أنُفُ

ومنه قول جَميل [طويل]

أُريد لأَنْسَى ذِكْرَها فكأنّما تَمَثّلُ لى لَيْلَى بكلّ سبيلِ

وهذا خلاف مذاهب الشعراء لأنّهم يَحرصون على دوام ذكرهم وطول محبّتهم الا ترى الى قول قيس بن ذَرِيحٍ [طويل]

فيـا حُبّها زِدْنى جَوًى كلَّ ليلةٍ ويا سَلْوةَ الايّام موعِدُكِ الحَشْرُ

حتّى أنّ المحبّ منهم لَيَحرص على التفكّر فى حبيبه والذكرِ له حتّى قال بعضهم [طويل]

وأَخرجُ من بين البيـوت لعلّنى أُحدّثُ عنكِ النفسَ فى السِّرّ خاليَا

وقال الاخر [طويل]

وانّى لَأَغْشَى النومَ من غير نَعسةٍ لعلّ لِقاءً فى المنام يكونُ

وتبعه المُحْدَث فقال [طويل]

سأَشكر للذِّكْرَى صنيعَتَها عندِى وتمثيلَها لى من أُحِبّ على البُعْدِ

وقال اخر [كامل]

اللهُ يَعلم انّنى أَلْتذُّ فيكم باشتياقِ

وأَكادُ من أُنس التذ   كُّرِ لا أُذُمُّ يدَ الفراقِ

وأَحسنَ ابو الشِّيص وزاد على الاحسان لمّا مدح اللّوامَ حِرْصًا على سَماع ذكر المحبوب فقال [كامل]

أَجِدُ المَلامةَ فى هَواكِ لذيذةً   حُبًّا لذكرِكِ فَلْيَلُمْنى اللُّوَّمُ

وزاد وبرز عن مذهب الشعر فرجع الى مذهب العَبَث حتّى ذكر أنّه يُحِبّ الأَعداء لمّا اشبهوا محبوبَه فى نَقْص حظّه منهم فقال [كامل]

أَشْبَهْتِ أَعدائى فصرتُ أُحِبُّهم   اذ كان حظّى منكِ حظّى منهمُ

وتبعه ابو نُواسٍ فقال [وافر]

أُحِبُّ اللَّوْمَ فيها ليس الّا   لتَرْدادِ اسمِهـا فيما أُلامُ

وتبعه النامى فقال [كامل]

أَهْوَى مقـارنةَ العَذولِ لأنّه   لَهِجٌ بذكرِكِ فى خِلالِ كلامِهِ

ومنه قول الاخر [طويل]

ولو تركتْ عقلى معى ما طلبتُها   ولكنْ طِلابِيها لِما فات من عقلِى

وهذا خروج عن المذهب لأنّه جَعَلَ طلبها سببا والجيِّدُ قول الاخر [طويل]

ما سَرّنى أنّى خلىٌّ من الهوى   ولا أنّ لى ما بين شرقٍ ومَغْرِبِ

والحَسَنُ بذلُ مُهْجته فيها واستصغارُ الاخطار واستقرابُ البُعد من المُزار مثل قول الاخر [بسيط]

قالوا تَوَقَّ رجالَ الحىّ انّ لهم   عينا عليك اذا ما نمتَ لم تَنَمِ
فقلتُ انّ دمى أقصى مُرادهمُ   وما غلتْ نظرةٌ منها بسفك دَمِى

ومنه قول ابى نُواس [بسيط]

قالت لقد بَعُدَ المَسْرَى فقلتُ لها   مَن عالَجَ الشوقَ لم يَستَبْعِدِ الدارَا

وللشيخ ابى محمّد بن سنان رحمه الله[1] [بسيط]

أَشتاقُكم ويَحُولُ العجزُ دونكمُ   فأَشتكى بُعْدَكم عنّى وأَعتذرُ
وأَدّعى خَطَرًا بينى وبينكمُ   وآيةُ الشوق أن يُستَصْغَرَ الخَطَرُ

وقول ابن الدُّمَيْنة [طويل]

ولو أنّ لَيْلَى مَطْلَعَ الشمس دونَها   وكنتُ وراءَ الشمس حين تَغيبُ
لمَنّيتُ نفسى ان تُريغَ بها النَّوَى   وقلتُ لقلبى انّها لَقَريبُ

ومن ذلك قول ذى الرُّمّة [طويل]

1. Plus haut, p. 19 et 608.

لعلّ انحدارَ الدمعِ يُعْقِب راحةً   من الدمع او يَشْفِي نَجِيَّ البلابلِ

هذا ضِدُّ ما يُستحسَن من قول القائل[1] [طويل]

فيــا حُبَّها زِدْنى جَوًى كلَّ ليلةٍ   ويا سَلْوَةَ الايّــام موعِدُكِ الحَشْرُ

وكما قال عبد الصَّمَد [مديد]

لا أَتاحَ اللهُ لى فَرَجًا   يومَ أَدعو منكِ بالفَرَجِ

وقول ابى نُواس [بسيط]

لا فرَّج اللهُ عنّى ان مددتُّ يدى   اليه أَسْئَلُه من حُبِّكِ الفَرَجــا

واحسنُ والطفُ قول المتنبّى [كامل]

لو قلتَ للدَّنِفِ الكَئِيبِ فَدَيْتُهُ   ممّــا به لَأَغَرْتَــه بِفِــدائــهِ

ومن ذلك قول عبد الله بن قيس الرُّقَيّات [منسرح]

يَأْتَلِقُ التاجُ فوق مَفْرِقه   على جَبِينٍ كأنّه الذَّهَبُ

لانّ العرب تَمدح بجَهامة الصورة وترك التنَّعم وهذا ضدُّ ذلك وقد ذكروا عن المدوح انّه عاب عليه هذا الشعرَ وقال أَلّا قلتَ فىّ كما قلتَ فى مُصْعَب بن الزُّبَيْر [خفيف]

1. Même vers, plus haut, p. 711, l. 6.

انّما مصعبٌ شهابٌ من اللّه تجلّتْ عن وجهه الظّلماء
يتّقى اللّهَ فى الأمور وقد أفلحَ من كان همّه الاتّقاء

لانّ التفاضُل بالخلائق لا بالخَلْق لانّ الانسان مُجبَر على الخِلْقة مخيّرٌ فى الخُلُق
وممّا يُشبِه هذا وهو من الباب بعينه قول كُثيّر [طويل]

على ابن ابى العاصى دِلاصٌ حَصينةٌ أجادَ القيونُ سَرْدَها وأذالَها

فقال لِمَ لا قلتَ فىّ كما قلتَ فى سليمن بن عبد الله [كامل]

فاذا تجىء كتيبةٌ ملمومةٌ شَهْباء يَغْشَى الذائدون نِزالَها
كنتَ المقدَّمَ غيرَ لابسِ جُنّةٍ بالسيف تَضْرِبُ مُعْلِمًا أبطالَها

قال انّى وصفته بالخُرُق ووصفتُك بالحزم فقال كلّا ولكنّك وصفته بالاقدام
ووصفتنى بالجُبن وعابوا على النّظمىّ قوله [وافر]

أيا مَن وجهُه أسَدٌ وسائرُ خَلقه بَشَرُ

قالوا هذا عجيب من عجائب البُجْر[1] ومنه [متقارب]

فلمّا بدا لى ما رابنى نزعتُ نزوعَ الأبِىّ الكريم

وقال ابنُ بَشامةَ [متقارب]

1. Manuscrit : البحر.

بَخِلْنَا لِبُخْلِكِ قد تَعلمين وكيف يلوم البخيلُ البخيلَا

ومن ذلك قوله [بسيط]

بانت سُعَادُ فقى العينين مَلْمُولُ وكان فى قِصَرٍ من عَهْدِها طُولُ

هذا ردىءٌ لأنّه استطال وقتَ وِصالها والجيّدُ قول الاخر [وافر]

يَطولُ اليومُ لا أَلقاكِ فيه وحَوْلٌ نَلتقى فيه قصيرُ

ومنه قوله [بسيط]

من حُبّها أَتمنّى أن يواجهنى من نحوِ بلدتها ناعٍ فينعاهَا
لِكَىْ يكونَ فراقٌ لا لِقاءَ له فيُضمِرَ القلبُ يأْسًا ثمّ يَسلاهَا

لانّ المعهود تفديةُ المحِبّ لحبيبه بنفسه وهذا ضدّ ذلك ومنه قول نُصَيْب [طويل]

أَهيمُ بدَعْدٍ ما حَيِيتُ فان أَمُتْ فوَا أَسَفَا[1] مَن ذا يَهِيمُ بها بعدِى

لانّ المعروف بُخْلُ المحِبّ بحبيبه على غَيْرةٍ ومنه قول الاخر [بسيط]

أَشكو الى الله قلبا لو كَحلتِ به عينيْكِ لاكتَحلتْ من حَرّه بدَمِ

1. Manuscrit : فواسقى.

لانّ المعروف أنّ تقابل المحبّ محبوبَه بالخير لا بالشرّ والحَسَنُ من هذا قوله [طويل]

سقى اللّهُ أرضا لو ظفرتُ بتُرْبِها كحلتُ بها من شدّة الشوق أجفاني

ومنه قول عَدِيّ بن الرِّقاع [كامل]

لولا الحَياء وأنّ رأسى قد عَسَا فيه المَشيبُ لزُرْتُ أُمَّ القاسِمِ
وكأنّها وَسْطَ النساء أعارَها عينيْه أَحورُ من جَآذِرِ جاسِمِ
وَسْنانُ أَقصدَه النُّعاسُ فرنّقتْ فى عينه سِنَةٌ وليس بنائمِ

هذا يَشغف به الجماعةُ حتّى قال بعضُ المتقدّمين وقد استحسَنَه كيف اذا وقع بقُضْبان الدِّفْلَى على بطون المِعْزَى وهو عندى فاسدٌ من باب المخالفة لانّ المحبّ يَحتملُ فى حبيبه الصِّعابَ فكيف لا يَحتمِلُ فيه الحَياء وفَقْدَ الشبابِ وقال قيس بن ذَرِيحٍ [طويل]

أَقولُ اذا نفسى من الحُبّ أَصعدتْ بها زَفْرةٌ تَعتادُنى هى ما هِيَا
أَلا لَيْتَ لُبْنَى لم تكن لىَ خُلّةً ولم ترنى لُبْنَى ولم أَدرِ ما هِيَا

ثم يقول [طويل]

لقد خِفْتُ ألاّ تَقْنَعَ النفسُ دونَها بشىء من الدنيا وان كان مُقْنِعا

وأَعْذُلُ فيها النفسَ اذ حِيلَ دونَها   وتأْبَى اليها النفسُ الاّ تطلّعا

ومنه [مجتثّ]

مِن الخَلِيّ المُفِيقِ   الى صَديق الطريقِ
كتبتُ عن غير شوقٍ   اليك يا لا صديقي
وما سفحتُ دموعى   ولا شَرِقْتُ بريقى
وجُملةُ الامرِ أنّى   اليك غيرُ مَشُوق

ومنه [مجتثّ]

يا لا شبيهَ الهلالِ   ولا بديعَ الجمالِ
ومن يُدِلُّ بطَرْفٍ   خلافَ طَرْفِ الغزالِ
جُدْ لى باخْلافِ وَعْدٍ   فانّى لا أُبالى

ومنه [مجتثّ]

كتبتُ عن غير شوقٍ   يُضْنِى ولا بَلْبالِ
وما سفحتُ دموعى   عليك مثلَ اللآلى
ولا تذكّرتُ عَيْشا   فى سالفات الليالى
بَلَى فُؤادىَ مُضْنًى   من اللّقَى[1] فى اعتلالِ
أَوَدُّ بُعْدَكَ عنّى   ولو سمحتُ بمالى

1. Manuscrit : اللقا.

٦٨ باب السّرقات المحمودة والمذمومة (Fol. 154 r°)

قال ابن وكيع[1] السّرقاتُ عَشَرة اوّلها استيفاء منها نقلُ الطويل الى القصير اللفظ الطويل فى المعنى[2] القليل كقول طرفة[3] [طويل]

أَرَى قبرَ نحّامٍ بخيلٍ بمــاله كقبرِ غَوىٍّ فى البَطالة مُفْسِدِ

اختصره ابن الزِّبَعْرى بقوله [رمل]

والعَطِيّاتُ خِساسٌ بيننا وسَواءٌ قبرُ مُثْرٍ ومُقِلّ

ومنه قول بَشّار [بسيط]

من راقَبَ الناسَ لم يَظفر بلذّته وفاز بالشهَواتِ الفــاتكُ اللَّهِجُ

اخذه سَلْمٌ الخاسرُ[4] فاختصره وقال [بسيط]

1. Ibn Wakî' désigne Aboû Mohammad Al-Ḥasan ibn 'Alî ibn Aḥmad Aḍ-Ḍoubbî At-Tinnîsî, surnommé Ibn Wakî', célèbre comme poète et comme critique, auteur du *Mounṣif* « L'impartial », monographie sur les plagiats d'Al-Moutanabbi'. On peut consulter sur Ibn Wakî', qui naquit à Tinnîs près de Damiette, et qui y mourut le trente mars 1103, Ath-Tha'âlibî, *Yatîmat ad-dahr* (éd. de Damas), I, p. 281-305; Ibn Khallikân, *Biographical Dictionary*, I, p. 396-398; Hammer, *Literaturgeschichte der Araber*, V, p. 777-778; 808-810; 854-856; VII, p. 1109.

2. Le manuscrit porte فى اللفظ, rectifié à la marge en فى المعنى.

3. Soixante-quatrième vers de la *mo'allaka*, dans Arnold, *Septem mo'allakât*, p. 57; cf. Ahlwardt, *The Divans of the six ancient Arabic poets*, p. 58 du texte.

4. Ibn Khallikân dans l'édition de Wüstenfeld, n° 252, notice sur Sâlim Al-Khâsir, comme ce poète y est nommé, ainsi que dans l'édition

من راقَبَ الناسَ مات غمًّا وفاز بـاللـذّة الجَسـورُ

ومنه [منسرح]

من راقَبَ النـاسَ فى أَحبّته خاب وحاز السرورَ من خَسَرَا

اختصره الأَخطل ونقله الى صفة فى قَيْنة فقال [منسرح]

جاءت بوجه كأنّه قَمَرٌ على قَوام كأنّه غُصُنُ
حتّى اذا ما استقرّ مجلسُنا وصار فى حَجْرِها لنا وَثَنُ
غنّتْ فلم تبق فىّ جارحةٌ الاّ تَمَنّيتُ أنّها أُذُنُ

واختصره اخَر بعده فأَحسن وزاد فى قوله [خفيف]

لى حبيبٌ خَيالُه نصبُ عينى سرّه فى ضمائرى مكنونُ
ان تذكّرتُه فكّلى قلوبٌ او تـأمّلتُه فكّلى عيونُ

ومنه [طويل]

تقومُ عليه كلَّ يوم قيـامةٌ من الحُبّ الاّ أنّه ليس يقبَرُ

اخذه سَلْمٌ الخاسرُ فقال [مجتثّ]

أليس هـذا عجيبٌ أَموتُ يوما وأُنْشَرُ

de Boûlâḳ en trois volumes, I, p. 353. C'est Salm qu'il faut lire; voyez Ibn Abî Ya'ḳoûb An-Nadîm, *Kitâb al-fihrist*, p. 162, l. 2; 338, l. 11; une note substantielle de M. de Slane, dans Ibn Khallikân, *Biographical Dictionary*, I, p. 22; Mehren, *Die Rhetorik der Araber*, p. 279.

تبارةٌ كُلَّ يوم   على فتًى ليس يُقبَرُ

ومنه [بسيط]

انّ الرياح اذا اشتدّت عواصفُها   فما تَضُرّ سوى العالى من الشَّجَرِ
وفى السماء نجومٌ ما لها عَدَدٌ   وليس يُكْسَفُ غيرُ الشمس والقَمَرِ

اخذه القاضى ابو سعيد رحمه الله فقال [كامل]

لا غَرْوَ أنْ حُبّى أَصا   خَ لسَطْوة البين الجَسيمِ
انّ الغصون العاليا   تِ يهُزُّها مرّ النَّسيمِ

٦٩. باب نقل للفظ اليسير الى الكثير (Fol. 155 v°)

وهو مثل قول مُسلِم بن الوَليد [سريع]

أقبَلْنَ فى رأْدِ الضَّحاء بنا   يَسْتُرْنَ وجهَ الشمس بالشمسِ

اخذه الثانى[1] فقال [كامل]

واذا الغزالةُ فى السماء تعرّضتْ   وبدا النهارُ لوقته يَترحّلُ
أَبْدَتْ لوجه الشمس وجهًا مِثْلَه   تَلْقَى السماءَ بمثل ما تستقبِلُ

1. Manuscrit الثانى. Peut-être convient-il de lire الناشئ; cf. Ousâma, *Autobiographie*, p. 19 et 132; Adh-Dhahabî, *Al-Mouschtarik*, p. 19; plus haut, p. 254, note 5, et 626.

وكما قال ابو نُواسٍ [كامل]

لا تُسْدِيَنّ الىّ عارفةً حتّى أقومَ بشكرِ ما سَلَفَا

اخذه دِعْبِلٌ فقال [طويل]

تركتُك لم أتركك كُفرًا لنعمة وهل يُرتجى نيلُ الزيادة بالكُفرِ
ولكنّنى لمّا رأيتُك راغبـا وأفرطتَ فى برّى عَجَزْتُ عن الشُّكرِ

ومنه [طويل]

أرَى عَهْدَهـا كالوَرْد ليس بدائم ولا خيرَ فيمن لا يدوم له عَهْدُ
وحُبّى لها كالآس حُسْنـا وبَهجةً له نَضْرةٌ تبقى اذا ذهب الوَرْدُ

اخذه الامير[1] رحمه الله فقال [بسيط]

إن كان حُبُّكم كالوَرْد منصرِفًا فانّ حُبّى لكم أبقى من الآسِ

1. Ousâma désigne de nouveau, cette fois par une formule abrégée, son grand-père 'Izz ad-Daula Sadîd al-Moulk Aboû 'l-Ḥasan 'Alî ; voir plus haut, p. 699, n. 2; 706, note 2; 710, note 1.

ADDITIONS ET CORRECTIONS

P. 15, l. 5. Lisez : البزاة.

P. 19, l. 9-10. Sur Aboû 'l-'Alâ Al-Ma'arrî, cité ici seulement, j'ai parlé p. 90, note 3. Ousâma allègue un hémistiche d'Aboû 'l-'Alâ ibn Soulaimân (*sic*) dans l'*Autobiographie*, p. 160, dernière ligne.

P. 20, ligne dernière. Lisez : التوديعُ.

P. 49, l. 7. Lisez : بالهُنية.

P. 67, l. 3. Après وترغو, A ومن. M. le Dr Aumer m'a envoyé une nouvelle collation du manuscrit de Munich, trop tard pour qu'elle profitât à mon texte, à temps pour que je pusse en consigner ici les résultats.

Ibid., l. 6. A ويُجدب, qui est possible.

Ibid., l. 9. A وروضا ترّتيه صبا.

P. 68, l. 4. A نجايب et فهى.

Ibid., l. 7. A الجذور, فكّل et رحن.

Ibid., l. 10. A يشمن, qui donnerait un sens excellent.

P. 69, l. 4. Lisez : وُقفت.

Ibid., l. 6. Lisez avec A : أَبى الركب; A et L : مُحُول.

P. 70, l. 10. A فان سولا للنفوس بلايها et سول.

Ibid., note 3. Lisez : A فرضا.

P. 105, l. 1. Lisez : الرقّاء ; avec B, et comparez l'*Appendice*, p. 129, note 2.

TABLE DES MATIÈRES

ANGERS, IMP. BURDIN ET Cie, 4, RUE GARNIER.

29 xbre 2

www.ingramcontent.com/pod-product-compliance
Ingram Content Group UK Ltd.
Pitfield, Milton Keynes, MK11 3LW, UK
UKHW021045230726
13926UKWH00004B/1666